猛女対談

腹をくくって国を守れ

大川隆法

Ryuho Okawa

本対談は、2012年5月8日、幸福の科学総合本部にて、
公開収録された。

まえがき

女性の政治家の卵と対談すると、勇気がある言葉がスパーンと返ってきて、男性以上に頼りになるというか、ホレボレとしてしまうこともある。

対談相手の釈量子《しゃくりょうこ》氏は、宝塚のトップが張れるぐらいの器量を持ちながら、本質は、明治維新の志士の頭領みたいな方である。

面白く読んで下されば幸いである。

二〇一二年　六月八日

幸福実現党創立者兼党名誉総裁《こうふくじつげんとうそうりつしゃけんとうめいよそうさい》

大川隆法《おおかわりゅうほう》

『猛女対談　腹をくくって国を守れ』　目次

第3章

侵略国家から日本を守り抜くために

第4章

国論をリードし続ける幸福の科学

第5章

憲法九条の問題点と日本の使命

第6章

女性が主役となる時代

猛女対談

腹をくくって国を守れ

［二〇一二年五月八日　収録］

［対談者］　釈量子《しゃくりょうこ》

幸福実現党青年局長。一九六九年十一月十日生まれ、東京都出身。國學院大學文学部史学科卒業後、㈱ネピアを経て、宗教法人幸福の科学に入局。学生局長、青年局長、常務理事などを歴任し、幸福実現党に入党。現在、月刊「ザ・リバティ」で「釈量子の志士奮迅《ししふんじん》」を連載中。

［司会］　白倉律子《しらくらりつこ》

フリーアナウンサー。幸福実現党公式番組「幸福実現TV」（インターネット配信）キャスター、幸福の科学のラジオ番組「天使のモーニングコール」パーソナリティーなどを務める。

第1章

時代の先を見る幸福実現党

今回の対談を企画《きかく》した背景

司会　本日は、大川隆法・幸福実現党創立者兼党名誉総裁と釈量子・幸福実現党青年局長との〝美女対談〟（収録時のタイトル）でよろしいでしょうか？（会場笑）

大川　（笑）。「美女対談」ということは、私のほうは関係ないわけですね。あなたのほうからだけ、一方的にどうぞ（会場笑）。

釈　いいえ。この度は、たいへん素晴らしい機会を賜《たまわ》り、とても光栄でございます。心より感謝申し上げます。

大川　私は、最初、「猛女対談」というタイトルを提案したのですが、念力でねじ曲げられてしまいましたね。

釈　いや、あのー（会場笑）。

大川　「タイトルを『美女対談』にしてほしい」という答えが返ってきたので、まあ、仰《おお》せのとおりにしました（笑）。

釈　「猛女」でも構わないのですけれども……。

大川　この対談の結果を見たら、元の題に変わる可能性もないわけではないかも（会場笑）。

釈　「猛女」の名にふさわしい方がたが、まだ、たくさんいらっしゃいますので、ちょっと遠慮《えんりょ》しております。

大川　ああ、まだほかにもいるんですよね。

司会　当初、非常にユニークなネーミングの企画《きかく》をいただいたようですけれども、この企画の背景といいますか、大川総裁のお気持ちをお聴《き》かせ願えませんでしょうか。

大川　いやあ、ちょっと、うちにもスターが欲しいんですよね。特に、東京地区で売り出したいので、ぜひ頑張《がんば》っていただきたいなと思っています。

釈　ありがとうございます。

大川　「釈量子」というのは法名《ほうみょう》なんですけれども、女優と間違《まちが》われそうな名前ではありますよね（会場笑）。ただ、売り出しの企画が政党のほうからはどうも出ないようですので、何か口火を切らなければいけないと思い、この対談を企画したわけです。

釈　どうもありがとうございます。

大川　そういうことなので、どうぞ、これを踏《ふ》み台に使ってくださいね。

釈　いえいえ、本当に恐《おそ》れ多いことです。

巨大地震や竜巻などの異常現象は「天の警告」

司会　折しも、二〇〇九年の五月の幸福実現党創立から、ちょうど三年がたちました。この三年間を振《ふ》り返ってみますと、ほぼ大川総裁がおっしゃっていたとおりに推移しているのが現状です。

釈さんご自身も、政治活動を通して、いろいろな街の声をお聴《き》きになっているなかで、大川総裁の先見性に対する注目度の高まりというものを感じていらっしゃるようです。そのあたりについて、お話しいただけますか。

釈　はい。二〇〇九年に立党したときには、私自身も、幸福実現党の政策の先見性のすごさというものを、あまり実感していなかったように思いますが、それから三年たって、大川総裁のおっしゃるとおりにすべてが流れてきているということとが、本当によく分かってきました。

立党当時、私も街頭演説で、「このままでは、村山富市《とみいち》首相のときのようなこと（一九九五年の阪神《はんしん》・淡路大震災《あわじだいしんさい》）が起こってしまいます」と、マイクを握《にぎ》って叫《さけ》んでいましたけれども、そのあと、昨年には東日本大震災がありました。

大川　そうだねえ。菅《かん》政権のときにね。

釈　はい。ありました。

大川　その数カ月前には、予言のごとく、天照様《あまてらす》の霊示《れいじ》もありましたしね。「このままでは大変なことが起きますよ」という霊示が震災の前年に出ていましたよね（二〇一〇年六月二十二日収録。『最大幸福社会の実現』〔幸福の科学出版刊〕参照）。

釈　はい。

大川　そのあと、一年たたずして震災が起きましたし、また、最近も、五月の連休には、茨城《いばらき》から栃木《とちぎ》にかけて異常な竜巻《たつまき》現象が起きたりしていて、怪《あや》しいですよね。

釈　確かに怪しいです。

大川　竜巻というのは、アメリカならよく起きますが、日本では、これまであまり聞きませんでしたからね。

釈　はい。非常に巨大《きょだい》な竜巻で、これも神罰《しんばつ》の一つとして受け止めなければいけないと思っています。

大川　私は象徴《しょうちょう》だと解釈《かいしゃく》していますよ。まあ、昨年のマグニチュード9・0の巨大地震に比べれば、まだかわいいですけど、政局に大きな乱れが起きる政変の予兆だと私は見ています。

この程度のものが最終のはずはないので、まず、警告として出たものと思われます。「ちょっとシグナルが出てきた」ということだと感じています。

釈　そうですね。

大川　ええ。この裏には、釈さんの怒《いか》りが籠《こ》もっているのではないですか。

釈　いえいえいえ（会場笑）。

大川　「美女対談」だから、怒《いか》ってはいけないのかな? 〝微笑《ほほえ》み〟が籠もっているかもしれませんが。

釈　天照様も、「日本の国民が気づくまで警告を与《あた》え続ける」とおっしゃっておられましたけれども、「天の意志というものを、日本人が受け止めているか」と言われれば、やはり、まだまだという感じがいたします。

大川　全部、あまのじゃくに、反対のほうへ反対のほうへと捉《とら》えているような状態でしょうね。

釈　そうですね。

リーダーシップは「先が見えるかどうか」に表れる

大川　それは、ある意味で、「かつての成功体験を捨てられずにいる」という、ごく平凡《へいぼん》なスタイルですよね。会社であろうと、個人であろうと、「かつて、このやり方で成功した」ということがあると、それを捨てられずに同じことをやってしまうわけです。

たとえて言えば、ある場所で魚が釣《つ》れたら、その同じ所で何回でも魚を釣っているような感じにちょっと近いかもしれませんね。

そのように、「戦後、これでうまくいった」という成功体験を捨てられないでいるわけですが、やはり、「一九九〇年を境にして、あるいは、平成の世の中になってから、日本は変わっているのだ」と考えなければいけないでしょうね。

釈　はい、そうですね。

「もう一度、新しい国づくりが必要な時期に来ている」ということを、私たちのほうから発信していかなければならないと思っています。

大川　まあ、そう思いますね。

しかし、どうして、こう、現状維持《いじ》に必ず入るのでしょうか。ちょっと先を見てみればよいのですが、不思議なことに、それが見えないんですよねえ。

釈　この「先が見えるかどうか」というところに、リーダーシップは本当に表れると思います。

大川　うんうん。

釈　二〇〇九年以降、例えば、経済の問題にしても、まさに大川総裁がおっしゃっていたとおりの流れになってきて、ようやく、「消費税を増税しても税収は上がらない」という基本的なところが何となく分かってきつつあるようです。

また、大川総裁が出された『財務省のスピリチュアル診断《しんだん》』（幸福実現党刊）が、経済学者の間で静かなブームとなって広まっているようです。

大川　本当にあの本に書いてあるとおり、財務省はけっこう悪さをしています。しかし、テレビに出演できなくされたり、原稿《げんこう》を発表できなくされたりしていた経済学者や評論家たちが、最近は復活していろいろ出てき始めています。

釈　そうですね。

大川　実際に、財務省は、圧力をかけて、テレビに出させないとか、雑誌に出させないとか、本を出させせないとか、いろいろやれるんですよね。

釈　そういう意味では、オピニオンリーダーであり国師である大川隆法総裁のお姿、あるいは、幸福実現党の勇気というか、「正しいものは正しい」と言い切っていく姿勢に、言論を発表する方々や、世の中の人たちが目を開き始めているように感じます。

新聞やテレビ報道における「フェアネス」のなさ

大川　やはり、フェアネス（公平さ）がないところを、きっちりと言っていかなければいけません。

例えば、政党要件です。マスコミは、幸福実現党の政治活動について、「政党助成法にいう政党ではないから」という理由だけで、新聞やテレビでは取り上げないということを徹底《てってい》していますよね。完全に、言論統制というか、裏側で合意ができている感じでしたが、最近の「大阪維新《いしん》の会」などは報道されています。彼らは地方自治体の地方公務員であって、国会議員ではありません。

釈　そうですね。

大川　国家議員が五名以上いたり、二パーセント以上の得票率を取ったりした政党ではないのに、それでも、マスコミは、ちゃんと取り上げています。「政党助成法にいう政党ではないから取り上げない」というのは、嘘《うそ》ではないですか。ただの嘘つきですよ。単に、好き嫌《きら》いでやっているだけでしょう。

釈　はい。

大川　やっと最近になって、「政党助成法で、国が助成金を出す条件というのはあるけれども、政党法という法律はなく、政党の要件なるものは存在しない」ということを、テレビなどでも言い出しています。

本来、政治的理念があって、同志がおり、組織をつくって運動をすれば、政党は出来上がるのです。もし、これが認められなければ、結社の自由などないに等しいですよ。

釈　そうですね。それですと、北朝鮮《ちょうせん》や中国と一緒《いっしょ》になってしまいます。

大川　そうそう。思想傾向としては一緒なんですよ。マスコミは、無神論・唯物《ゆいぶつ》論の傾向が六、七割あるので、そうなってしまうのだろうと思いますけどね。

釈　はい。ただ、特に最近になって、私たちが言っていることに目を開いてくださる方が増えてきています。おそらく、「大川総裁が何をおっしゃられるか」ということに日本中が注目するような時代が、もうすぐ来るように感じます。

第2章

憲法改正の焦点

——天皇・人権・信教の自由——

天皇制の裏にある「政教一致《いっち》」の考え方

大川　宗教が政治を行うことに関して、「政教分離《ぶんり》規定があるから、どうのこうの……」と否定的に捉《とら》える人もいます。憲法の政教分離規定だけを捉えて、そのように言うのは構いませんけれども、それでは、憲法一条の「天皇制」はどうなのでしょうか。本当に政教分離を言うのであれば、実は、天皇制が成り立たなくなるのです。そうすると、日本国憲法が最初から崩《くず》れてしまうんですよね。

釈　はい、そうですね。

大川　最近、念のために、有名な憲法学者である芦部信喜《あしべのぶよし》氏（一九二三～一九九九）の憲法論を読み直してみたのですが、「天皇制の根拠《こんきょ》を示すとすれば、『天皇の先祖が神々であった』ということ、すなわち、『天皇家は神々の子孫である』

ということ以外にない」というように、ちゃんと書いてあります。司法試験などにおける、憲法の教科書では、この人のものがいちばん信用されていますが、彼の本には、「天皇制の根拠は、神々の子孫だということ以外にはない」と書いてあるんですね。「神々の子孫が天皇家である」というのは、歴史的にはそのとおりです。

釈　はい。

大川　戦後、歴史の教科書からは消えているかもしれませんが、「天照大神《あまてらすおおみかみ》の子孫が天皇家である」ということになっています。

したがって、憲法上、象徴《しょうちょう》制であろうがなかろうが、天皇家が日本国の中心でなければならないし、天皇制があるために日本は存続しているわけです。

現代のアメリカ民主制的なものの考え方で、そのままストレートに考えたら、天皇制と国民主権とは、合うはずがないではありませんか。全然、合っていないですよ。どうして、それが合いますか。

天皇制というのは、はっきり言えば、王権神授説《おうけんしんじゅ》の考えですよ。

釈　はい。

大川　「神様やその代理人が地上に降りてきて国を治めているのだ」という王権神授説がありますが、君主制などは、みな、そうですよね。

これを打ち破ったのが、フランス革命で、王様たちをギロチンにかけて首を斬《き》っていきました。そういうフランス革命的なものを民主主義と呼ぶのであれば、天皇制とは合わない。つまり、最初から、憲法として矛盾《むじゅん》する形態になっているんですね。

そのようなものをくっつけてやっているのは、実は、政教一致《いっち》、祭政一致の考え方が裏にあるからです。要するに、「天皇家は神々の子孫だから、やはり別格である」という考え方が裏にあるために、天皇制が成っているわけです。

天皇が元首なら「改憲の詔《みことのり》」を出せるはず

大川　自民党の憲法改正草案を見ても、「天皇は元首《げんしゅ》である」と書いてありますが、天皇を元首にするのであれば、やはり、その定義について、もう少し厳密に踏《ふ》み込《こ》まなければいけませんよね。

釈　そうですね。

大川　明治天皇のように、「陸海軍を統帥《とうすい》する」となっていたら、いかにも元首だろうと思いますが、今の天皇が元首かどうかは、議論が分かれるところですよね。元首かもしれないし、元首でないかもしれない。

それでは、首相が元首なのか、元首でないのか。どちらも、よく分からない状態で、結局、権力の中心がどこにあるかが分からないんですよね。これが、無責任体制が発生する原因の一つですよ。

今、改憲論が盛り上がっていて、「改憲したほうがいい」という意見が国民の七割ぐらいにまでなってきているので、もし、「天皇が元首である」と言うのであれば、「今上《きんじょう》天皇による改憲の詔《みことのり》」というものを出したらいいんですよ。「国会は、速やかに改憲すべし」という「改憲の詔」を出せばよいのです。

釈　なるほど。

大川　それで、この詔に従って、国会議員が審議《しんぎ》をし、改憲に乗り出すかどうかですが、もし、乗り出さなかった場合、天皇は、以後、一切の法律案に署名しなければいいわけです。

例えば、国会が内閣総理大臣を指名しても、任命しなければよいのです。天皇の署名がなければ、内閣は成立しないのですから、〝ストライキ〟をしたらいいんですよ。そのように、「天皇は元首である」ということを、自らお示しになられたらよろしいと思いますね。

法律論であれこれ言うのも結構ですが、これは、天皇の意志によって、現行の憲法や法律の枠《わく》のなかでできることです。

ぜひ、天皇陛下には、「憲法改正の詔」を発していただきたいと思います。それで、国会が何もしなかった場合、それに対する糾弾《きゅうだん》が国民のほうから起きてくるかどうかを見れば、この元首制の問題も、はっきりと決着がつくはずです。

釈　はい。

大川　憲法上、天皇は、「日本国民の総意」に基づいて置かれているわけなので、国民の総意に基づいて置かれている天皇が詔勅《しょうちょく》を出され、それで、国会が何も動かなかったら、問題があるでしょうね。

釈　そうですね。

大川　国民の総意に基づいて天皇制がある一方で、国民主権というものがありま す。この部分は、法律論的、憲法論的には、本当はぶつからなければいけないところなのですが、なぜか、訳が分からないまま、うまくくっついています。

その理由は、実は、「宗教と政治が一体化しているのが日本の政治の本質だから」なんですよ。

釈　なるほど。

大川　この部分を無視して、政教分離《ぶんり》だけを言っているわけですから、憲法学者もジャーナリストも、本当はまったく分かっていないのだと私は思います。右翼《うよく》も分かっていません。

釈　はい、そうですね。

大川　右翼も、「皇室を守る」と言っていますが、「天皇は神々の子孫だと分かっているのか」と言えば、それは、全然、分かっていないのです。そもそも神棚《かみだな》が消えていますのでね。

だから、もう少し根本的に考えなければいけないですね。

人権についても、宗教的見地からの研究が必要

釈　自民党の憲法改正案を見ても、民主党との選挙対策上、保守色を強く出しているのかもしれませんが、そうした根本的な深いところを問うていくと、いくつかの疑問点があります。

例えば、人権に関しても、「天賦《てんぷ》の人権」「神から与《あた》えられた人権」という考え方が、今回の自民党案ではかなり後退していっています。

大川　うん。そういう人権の部分にも、宗教の立場から見ると大いに問題がありますよね。

アメリカ憲法における「人権」というのは、もともとは、「白人の男性の人権」でしたからね。

釈　はい。

大川　WASP《ワスプ》、つまり移民したホワイト・アングロサクソンのプロテスタントで、さらにそのなかの男性の人権であって、女性には人権がありませんでした。もちろん、アフリカからの移民などにも人権はなかったわけです。

もし、人権が人類普遍《ふへん》のものであるならば、それはありえないことです。「解《かい》釈《しゃく》によって、いくらでも変更《へんこう》ができる人権」というのは、おかしいですよね。

釈　そうですね。

大川　だから人権について、もう少し宗教的な見地からの研究が必要です。

例えば、仏教で言えば、「人間は仏性《ぶっしょう》を持っている」という考え方が必要でしょう。

一方、キリスト教のほうには、「神性」という考え方がありますが、キリスト教では、この「神様の性質」というものを狭《せま》く考え、「イエス・キリストだけに宿るもの」と考える傾向《けいこう》がなきにしもあらずで、「神様の性質を持っているイエス・キリストと、人間とは違《ちが》う」というように考える場合もあります。

ただ、同じ人間のなかで、なぜ、違いが出るのか。男性と女性、あるいは、白人と奴隷《どれい》階級の有色人種とでは、人間として違うのか。そもそも人類普遍の原理と言われる人権がどこから出てきているのか。こうしたことがはっきりしない。

釈　そうですね。

大川　やはり、「いわゆる人権の考え方は、近代の思想でしかない」と思いますね。

釈　そういう意味では、大川総裁が出された「新・日本国憲法試案」の前文［注］

の内容を背骨として立てなければ、最終的には、この国にも、世界にも、政治と宗教の関係を根本的に解決する考え方を提示できないと思います。

大川　今、自民党案だとか、みんなの党案だとか、いろいろ出ているようですが、「現行憲法を少しいじるだけ」というような感じのものがほとんどですのでね。

釈　そうですね。

［注］〔前文〕　われら日本国国民は、神仏の心を心とし、日本と地球すべての平和と発展・繁栄《はんえい》を目指し、神の子、仏の子としての本質を人間の尊厳の根拠《こんきょ》と定め、ここに新・日本国憲法を制定する。

「信じない自由」は保障されるべきなのか

大川　私の憲法試案は、わずか十六条になっているので、改憲というよりも廃憲《はいけん》に近いかもしれませんが（笑）、根本に立ち戻《もど》って考えるならば、憲法には国の基本に関する部分だけがあればよく、その他の変化していくところは、法律で定めていけばよい問題です。

そういう意味で、今の憲法のなかには、根本的な内容と、手続き的な細かい内容とが混ざっているので、「問題なし」とは言えませんね。

それから、信教の自由についても、「『信仰《しんこう》する自由』もあれば、『信仰しない自由』もある」というように、いちおう両面を言うのが通説的ではあります。しかし、よく考えてみれば、「思想、良心の自由」（十九条）というものがあるわけなので、「信じない自由」は、そのあたりの規定に吸収される可能性があります。

つまり、信教の自由を保障する以上、やはり、「信ずる人の権利」を保障しなければ意味がありません。「信じない自由」が保障されていなくても「信じない」ことは可能ですが、「信じる自由」が保障されていなければ、どうしても、信じる人は迫害《はくがい》を受けやすいのです。

釈　はい。

大川　特に歴史的には、「メジャーになっていない宗教の場合は弾圧《だんあつ》されやすい」ということが言えます。

宗教の反対側の立場の人は、たいてい、「信教の自由のなかには、『信じない自由』というものもあるのだ」という論理を使ってくるのですが、もし、それを信教の自由のなかに入れるとしたら、「マルクス・レーニン主義的な宗教観を信じること、すなわち無神論・唯物《ゆいぶつ》論的な思想も、宗教として認める」ということになるでしょうね（笑）。

釈　はい、そうなりますね。まさに、この憲法改正については、幸福実現党として必ず実現したいと考えています。

大川　まあ、これまでも、幸福実現党の主張は常識からずれているんでしょうから、ずれているついでに、もう、言うべきことは、全部、言って言って言いまくったほうが、かえってよいのではないかと私は思いますよ。

釈　(笑)そうですね。

大川　妥協《だきょう》しないほうがよいと思いますね。「国民の多数が支持するかどうか」というのは、あとからついてくることですからね。

釈　分かりました。

大川　現時点で見れば、現状維持《いじ》派が多数になるに決まっていますから、憲法改正案も、現状維持か、一部修正程度のものしか出てこないと思います。

私たちが述べていることは、法そのものではなくて、「法の根源にあるもの」なんですよ。人間がつくった法律というのは、それほど普遍《ふへん》的なものではありませんから。

法律は、その場、そのときの〝空気〟によって、変わっていくものですが、当会は、そういうものではなく、法の根源にあるものを訴《うった》えかけていますのでね。

釈　そうですね。はい。

大川　そこから、「こうあるべきではないか」という考え方を出しているわけなので、もう少し自信を持たなければいけない気がしますよ。

第3章

侵略国家から日本を守り抜くために

歴史の検証が必要な「仏教の平和主義思想」

司会　さる五月三日の憲法記念日に、多くの賛同者が集まって、東京・日比谷から六本木にかけて憲法改正のためのデモが行われました。
　そのデモには、幸福実現党も協賛参加され、釈さんご自身も参加されていたと伺っております。また、現実に中国の侵略《しんりゃく》を受けた地域の方々の切実な思いなども痛感しつつ、デモが行われたようですが、そのあたりについてはいかがでしょうか。

釈　はい。六月に「ファイナル・ジャッジメント」という映画が上映されますけれども、その試写を、中国に侵略された〝自治区〟出身の方々にご覧いただいたところ、「素晴らしくよくできている。けれども、現実は、その十倍以上だ」ということを、口々におっしゃっていました。

大川　そうでしょうね。

そこは当会がハリウッド映画に及《およ》ばないところだと思います。うちは、残念ながら、爆破《ばくは》したり、砲弾《ほうだん》やミサイルを撃《う》ち込《こ》んだり、ヘリコプターを落としたり、自動車を炎上《えんじょう》させたりするようなことが、ハリウッド映画ほどできません。日本映画では、なかなかそこまで出せないのですが、現実はもっと厳しいでしょうね。

釈　そうですね。実際にチベットが中国に侵略されていった歴史を見ると、「最初は友好的に入ってきて、あるとき、突然《とつぜん》、牙《きば》を剝《む》いてくる」というパターンです。特に、チベットでは、お寺が、全部、狙《ねら》われて……。

大川　うん、うん。

釈　僧侶が「仏陀《ぶっだ》に腕を返してもらえ」と嘲笑されながら、中国共産党の人民解放軍に手足を切断されたりするような、悲惨《ひさん》な話がたくさんあります。チベット仏教は、もともとの仏教とは違《ちが》うものになってしまってはいますが、信仰者として、何とも言えないやるせなさを感じました。

大川　うーん。まあ、映画「ファイナル・ジャッジメント」のなかにも、そういうシーンが多少はあります。「おまえの神様は、なぜ救ってくれないんだ？」というようなことを言われる場面は出てきますけれどもね。

でも、ちょっと、私も責任を感じているんですよ。仏教を信じた所には、すぐ戦争に負けて、領土を取られていく傾向《けいこう》がありますのでね。

しかし、タイなどでは、僧侶《そうりょ》でも武装したりしているようです。武装しないと、イスラム教にあっさりやられてしまうために、そのようになっているらしいんです。

まあ、釈迦国《しゃかこく》も簡単に滅《ほろ》びたので、やはり、全体を見なければいけませんね。インドで仏教が滅びた理由も、イスラム教徒に攻《せ》め込まれたためですからね。チベットが中国にやられたら、次はネパールだって危ない。昨年のネパール巡《じゅん》錫《しゃく》(二〇一一年三月四日、カトマンズ)のときにも、「気をつけなさい」ということは言ってきたんですけどね。「中国寄りの毛沢東《もうたくとう》派が議会の多数を占《し》めているというのは、もう危ないですよ」と。

釈　ええ。そうですね。

大川　仏教には、思想的な特徴《とくちょう》として、平和主義的な考え方がありますが、実際の政治、経済、あるいは国家運営に関しては、やはり弱い点があります。
このへんについては、やはり、歴史の検証を十分にしなければいけないところがあると思いますね。

自由を守るためには「戦い」も必要

釈　チベットには、ガンジーの非暴力主義的な考えも入っていたのだろうとは思いますけれども、仏教のなかには、やはり、ディベートを重視する考え方や、善悪を分ける智慧《ちえ》の部分もあります。

したがって、「善悪をきちんと分けた上で、噴出《ふんしゅつ》する勇気で戦う」という考えが、しっかりと教えのなかに入っていると思うのです。

そういう意味で、相手の悪を増長させるような考え方として仏教を捉《とら》えてしまうと、お釈迦様《しゃかさま》の真意とは違《ちが》ってしまうのではないかと思います。

大川　仏教には、確かに、「戦争に対して弱い」という面がありますが、それともう一つ、「暴虐《ぼうぎゃく》な王様や独裁者に対して弱い」という面もありますよね。

ビルマ、今のミャンマーも仏教国ですが、ああいう、武器でもって人を殺すのを何とも思わないような政治体制が出てきたときに、やはり、仏教は、どうしても弱いのです。

釈　はい。

大川　それから、今のガンジーの話にしても、映画などでは、「非暴力・不服従運動」を行《おこな》ったり、「塩の行進」（イギリス植民地政府による塩の専売に対する抗議《こうぎ》行動）を行ったりしたことでインドが独立できたように描《えが》かれていますが、インドが独立できた大本には、日本軍がイギリス軍を目茶苦茶にやっつけた事実があるのです。

釈　はい、そうですね。

大川　単に非暴力主義ということだけであれば、それは、イギリスに支配されていた百五十年間、ずっとやってきたことでしょう。

やはり、インド人は、イギリス軍が日本軍にやられて逃《に》げて行くところを見ているため、それで勇気を持てたわけですし、戦争中、日本からもチャンドラ・ボースなどの独立運動への支援《しえん》がそうとう入っていましたからね。

だから、「ガンジーの運動だけではない」ということを知らなければいけません。

釈　そうですね。

ちなみに、今、中国の新疆《しんきょう》ウイグル自治区になっている東トルキスタンでは、一九九七年にグルジャ事件というものがありました。これは、「市民が不当逮捕に対する抗議デモを行ったところ、中国軍がデモ隊を一カ所に集め、それに対して、気温がマイナス二十度のなかで放水し、凍死させるなどして、数多くの人が虐殺された」という事件です。

その東トルキスタン出身の方が、映画「ファイナル・ジャッジメント」をご覧になったのですが、その方は、「素晴らしくよくできた映画だけれども、中国人民解放軍の場合、映画の最後のシーンとは違って、銃《じゅう》は絶対に下ろさない」とおっしゃっていました。

大川　（笑）

釈　ただ、今、私たちがやろうとしているのは平和裡《り》の革命ですから、その意味で、最後の説法のシーンは、まさに、「言葉の力によって、世の中を変えていかん」という気概《きがい》を象徴《しょうちょう》したシーンであると思います。

その最後のシーンに関して言えば、言葉の力だけではなく、「国民の何割かが死ぬかもしれないが、それでも自由を守るために戦う」ということも、確かに必要だと思いますし、それと同時に、やはり、「恨《うら》み心の連鎖《れんさ》では世の中がよくならない」というのも現実だと思います。
そういう意味で、「やはり、仏法真理が必要なのだ」ということを痛感しました。

大川　まあ、先ほどの「放水で凍死した」という話もあるけれども、話を映画に戻《もど》せば、「雨の日のシーンを撮影《さつえい》するときに、地元の消防団に頼《たの》んで放水してもらい、かなりの〝雨〟を降らせたところ、冬場の福島だったために、もう、みな、ガタガタ震《ふる》えてしまった」と聞いています。そこは、渋谷《しぶや》の交差点のセットをつくったところだったそうですが、「放水した翌朝は氷が張ってしまって、その氷を割るのが大変だった」と言っていましたね。
その意味では、あの映画だって、エキストラのみなさんが、いちおう凍死の危険を冒《おか》しつつ、撮《と》っていらっしゃるのでしょうけどね（会場笑）。

釈　（笑）ええ。

中国・北朝鮮《ちょうせん》の軍国主義や人権抑圧《よくあつ》を批判しない日本の「左翼《さよく》」

大川　確かに、「説法だけで侵略《しんりゃく》が収まるほど甘《あま》くはない」と思いますが、現実に、当会のほうから、だいぶ情報発信をして、いろいろなところを動かしたりしているので、中国自身にも、今、異変が起きつつありますよね。

釈　なるほど。

大川　明らかに、揺《ゆ》さぶりは始まっていますよ。

釈　そうですね。

大川　最近の、盲目《もうもく》の人権活動家・陳光誠《ちんこうせい》氏の脱出劇《だっしゅつ》を見てもそう感じましたし、それから、こちらは体制側の人ですが、重慶《じゅうけい》のナンバー・ツーだった王立軍《おうりつぐん》氏がアメリカの領事館に逃《に》げ込《こ》んで亡命を求めた事件を見ても、明らかに揺らぎが感じられますね。

釈　はい。陳氏は、監視《かんし》している男が水を飲むために十秒間持ち場を外した隙《すき》に逃げ出したらしいです。

大川　そういう国家が、十三億人以上の国民を押《お》さえ、治めてよいのかどうか。そこが問題です。

それは、まるで、ゲットー（ユダヤ人の強制居住区域）のユダヤ人をナチスが監視しているような状態に近いですよね。

おそらく、中国政府には、そういう西洋的な基本的人権思想に基づく運動家たちが、みな、悪性ウイルスにかかって隔離《かくり》しなければいけない人間か、あるいは、悪質宇宙人のようなものに見えているのでしょうね。

釈　なるほど。

大川　つまり、中国政府には、「人権などというのは、国家あってこそのものであり、人民は国家を支えるための〝御輿担《みこしかつ》ぎ〟にしかすぎないのだ」というような考えがあると思うんですよ。

日本の左翼《さよく》思想家やジャーナリズムは、「平和」とか「人権」とか、けっこう言いますし、それで、日本の軍国主義や右翼などに対して批判をしています。

宗教のなかにも、いちおうそういう部分はあるので、私にも、それをすべて無《む》下《げ》に否定する気はありません。しかし、彼らがシンパシーを感じている中国や北朝鮮《ちょうせん》といった国々の実態について堂々と批判をしないのは、やはり許せません。特に、北朝鮮は、昔は理想の国のように言われていましたからね。

釈　そうですね。

大川　平和や人権を言うのであれば、中国や北朝鮮にもきちんと言うべきです。中国や北朝鮮は、日本から見れば左翼ですが、向こうから見れば左翼ではないんですよ。あちらは、もう極右ですから。

釈　確かに、そうです。

大川　ウルトラ右翼そのものであって、日本の右翼どころではありません。本当にすごい国家主義ですので、人権なんて、もう、蟻《あり》を踏《ふ》み潰《つぶ》すぐらいのものですからね。

釈　そうですねえ。

大川　そういう体質に対して何も批判することなく、心情的に「あちらのほうが正しい」と考えていて、日本が少しでも右翼的な気配を見せたら、「日本は悪い」というような言い方をするのは、やはりフェアな態度ではないと思いますね。

釈　はい。まさに、宗教政党である私たちだからこそ、「人間として、この事態をどう思うのか」という本質論のところを、もっとグイグイと訴《うった》えていかなければいけないと思います。

アメリカの弱体化を印象づけた陳光誠《ちんこうせい》氏の亡命事件

釈　アメリカは、こうした人権問題を、中国と外交交渉《こうしょう》をするときの一つの武器にしているかと思いますけれども……。

大川　だから、中国人も、最後は、みな、アメリカに助けてもらいに行くわけです。亡命する先は、ほかにありませんからね。

日本の大使館に行っても、どうせ駄目《だめ》です（笑）。かかわりたくなくて放り出されるに決まっているから、アメリカ大使館しかないわけです。

ただ、今回、あのサングラスをかけた陳《ちん》氏の亡命関連の交渉では、ヒラリー・クリントンがちょうど中国に行っていたため、本人から、「一緒《いっしょ》に飛行機に乗せて連れて帰ってほしい」と言われるような状況《じょうきょう》でしたが、「留学の名目であれば、一般《いっぱん》の留学生と同じように国外に出してやらないでもない」というような感じの交渉をされていましたね。ニューヨーク大学は「引き受ける」と言っているようですが、あれを見ると、やはり、「アメリカも弱くなったな」という感じがしないでもないですねえ。

釈　そうですね。はい。

大川　中国を「悪い国だ」と言えず、メンツを立ててやろうとするところがね。

釈　中国は、一九四九年に国ができて以降、一貫《いっかん》した国家戦略として、「アメリカに届く核《かく》」の開発に、すべてを捨てて集中してきたわけですが、今、その〝効果〟が出てきているのだと思います。

大川　中国政府は、「留学の名目なら、一般の国民と同じように出してやるけれども、家族がどうなるかは分からない」などと言ったりしています（収録当時。その後、陳氏は家族と共に出国した）。おまけに、アメリカが貿易額のほうで何か中国に補塡《ほてん》する裏取り引きをしたような雰囲気《ふんいき》がありますので、「アメリカもずいぶん弱くなったなあ」という印象は受けますね。

釈　そうだとすると、日本は次の時代のことを本気で考えないと、もう間に合わないと思います。

大川　そうですね。やはり、考えなければいけないでしょう。

釈　はい。

尖閣《せんかく》諸島に「観光庁」を移転させたら、どうなるか

大川　たまには、こちらから質問しなければいけませんね（笑）。

今、東京都知事の石原慎太郎さんが、「尖閣《せんかく》諸島を買う」と言って募金《ぼきん》を集めています。これは、今年の夏の大きな騒《さわ》ぎのもとになるだろうと推定しますが、政府のほうは、「国が所有するかどうか」とか、そういう内部的な細かいことを言って、くだらない議論をしています。

最終的には、東京都ではなく国が買うかもしれないけれども、いずれにせよ、買うに当たっては現地調査をする必要があるので、上陸して、測量をし、検分をしなければいけなくなりますよね。

釈　はい。

大川　もし、そのときに、突如《とつじょ》、中国の艦船《かんせん》が数百隻《せき》現れて周りを取り巻いたならば、あなただったら、どうします？

釈　もう、根比べです。向こうも譲《ゆず》らないと思いますが、こちらも「絶対に譲らない」という姿勢で……。

大川　「譲らない」というのは、誰が譲らないの？　日本の海上保安庁ですか。

釈　本来なら、国が……。

大川　海上保安庁は、向こうが何百隻出てきても、譲らないで頑張《がんば》るでしょうか。

釈　やはり、海上保安庁に頑張らせるには限度があると思います。
本来、国が守るべき問題について、今、東京都が頑張っているという状況になってしまっていますけれども、この問題は一つの踏《ふ》み絵になっているのではないでしょうか。

大川　私は、車でよく国土交通省の前を通るんですけど、国土交通省の名前の下に、「観光庁」という名前が入っているんですよね。

つい忘れがちですが、「そういう役所もあったかな」と思い出したのです。

それで、五月の連休は、予報では晴れるはずだったのに天気が悪かったので、「観光庁には仕事があったのだろうか」などと思いながら通ったんですけれどもね。

つまり、何が言いたいのかというと、「観光庁の役所を尖閣諸島に移転させ、現地に住んでいただいたらよい」と思うのです。

釈　ああ！　それはいい案ですね。

大川　そして、「尖閣諸島に日本から観光客をお呼びする」という仕事をしたらよろしいのではないでしょうかね。

まあ、人質ですよ（会場笑）。リストラされる前に、一度、そこへ行ってもらうとか……。

釈　観光庁が旗を振《ふ》ってやるわけですね。

大川　そうそう。「みなさん、どうぞ、日本の領土を見にきてください」と言ってね（笑）。

釈　それは本当に素晴らしいアイデアです。

大川　そういうことをやったらよいのではないでしょうか。尖閣諸島に役所を置いて、もし、それが攻《せ》め取られるということになったら、やはり何もしないわけにはいかないでしょうからね。

釈　そうですね。

今、日本人が武器として使えるものは経済しかないとすれば……。

大川　人質代わりに使えますから。

釈　人質ですか（笑）。

大川　だから、役人を人質として差し出し、それを救出することを演出する手はありますよ。

釈　そうですね。さっそく、幸福実現党の主要政策に入れさせていただきたいと思います（会場笑）。

大川　尖閣問題で、「自衛隊が出動する」などと言ったら、すぐに大きな問題になるのでしょうけれども、役所を置いていれば、まず、邦人《ほうじん》の救出をしてもらわないといけませんから、これはもう、囮《おとり》要員として、役所から〝志願兵〟を募《つの》って観光業務をやっていただいたらよろしいですね。〝死にがい〟があると思いますよ。

釈　（笑）つまりは〝人柱〟ですね。幸福実現党も、そのあたりをしっかりと〝提言〟していきたいと思います。

台湾《たいわん》には、「日本に還《かえ》ってくる」という選択もある

大川　でも、実際に、中国の艦船《かんせん》が何百隻《せき》も出てくる可能性はありますよ。

釈　はい。今は尖閣《せんかく》諸島に目を惹《ひ》き付けられていますけれども、彼らの本当の狙いは、台湾《たいわん》、石垣《いしがき》、沖縄《おきなわ》だと思います。

大川　うんうん、まあ、沖縄は欲しいでしょうね。おそらく、口一つで取るつもりでしょう。当会は、口一つで、「中国を解放したい」などと言っているけれども、向こうは口一つで沖縄を取りたいでしょうね。

釈　そうですね。

大川　「領有宣言」一発で、終わりにしたいでしょう。

釈　はい。ドンパチやらずに、一発で終わってしまうと思います。それに、今、台湾が交渉《こうしょう》のテーブルに着きそうな状況ですので、こちらのほうが怖《こわ》い流れに入ってきていて、もう取られる寸前ではないかと思うのです。

この間、地図をいろいろ見ていたら、日本のH社から出ている地図に、すでに「台湾省」と書いてあったので……。

大川　いや、台湾では、ナンバープレートに「台湾省」と書いてある車も走っていて、「中国本土と一つの国である」と考えている人たちもいますからね。

釈　これは価値観の問題なので、「どちらがよいかを自分たちで考えて、しっかりと打ち出さなければいけない」と思うのですが、その価値観の部分が非常に弱いと感じています。それは、やはり、仏法真理が十分に入っていないからだと思います。

大川　今、中国本土から香港《ホンコン》へ、出産のために大勢の人が越境《えっきょう》してきていて、当局はそれを規制しようとしているようです。やはり、「香港で生まれた」という出生証明が欲しいのでしょう。自由が保障されますからね。

台湾が中国に併合《へいごう》されたら、やがて、台湾でも同じことが起きるでしょうね。

釈　なるほど。

大川　場合によっては、台湾に、「日本に還《かえ》ってこないか」という声を掛《か》けてみるとか（笑）。

釈　それはいいですね。それも政策に入れさせていただきます（笑）。

大川　まあ、選択《せんたく》ですからね。台湾の人たちの意志で決めたらよろしい。

釈　本当にそうですね。

大川　「日本には台湾を侵略《しんりゃく》する気はないけれども、日本に還ってくるのは、別に嫌《いや》ではないよ」と言ってみてもよいかもしれません。

釈　元台湾総統の李登輝《りとうき》さんは、「尖閣は日本の領土だ」と……。

大川　そうそう。

釈　そのように雑誌に書いておられましたけれども、ただ、台湾の方々は、「李登輝さんは考えが旧《ふる》い」ということも言っておられるようです。

大川　尖閣諸島に関しては、中国も台湾も、「自分のものだ」と言っているんでしょう？　だから、台湾には、「国交回復など必要ないから、日本に還っていらっしゃい」と声を掛けたらいいと思いますね。

釈　そうですね。そこまで言えるようにしたいものです。

大川　どちらの国がよいのか。つまり、十秒間の隙《すき》に塀《へい》を越《こ》えて、命からがら北京市内まで逃《に》げなければいけないような国になりたいのかどうか、よく考えて判断したほうがよいと思いますね。

釈　そうですね。

「侍《さむらい》精神」がなさすぎる日本

大川　日本は、総理大臣の暗殺の心配さえない国ですからね。〝交替《こうたい》要員〟が何人もいるので、狙《ねら》われようもないほど安全な国です。誰でも総理になれるような素晴らしい国ですよ。

私は、最近、「日本は非常に進んでいるのではないか」と思うようになってきたんです（会場笑）。この国は、一年で総理大臣のクビを切れるのですから、素晴らしいですよね。

総理大臣を選ぶときは、もちろん自由に選べるけど、「駄目《だめ》だ」と思ったら、すぐにクビを切れるわけでしょう?　これはすごいことですよ。アメリカの大統領は、暗殺でもしないかぎり四年間はクビを切れないんだから、ある意味で、これはすごいことだと思いますね。

釈　確かにそうですね。

大川　でも、実力があれば、五年ぐらいやる場合もありますからね。だから、「似たようなレベルの人はたくさんいる」ということでもありましょうけどね。

まあ、もし、台湾《たいわん》が日本に還《かえ》って来たければ、還ってきたらいいし、もしかしたら、大連《だいれん》あたりも、日本に還ってきてもいいような気持ちを持っているのではないでしょうか。

釈　そうかもしれません。満州国の時代を考えると……。

大川　そんな感じですよね。

釈　はい。ただ、今後、そういうところが日本に還ってくるにしても、やはり、日本は、「どうやって自分たちの国を守るのか」ということを考えないと、「日本に還ってきたが、丸ごと取られてしまった」ということになっても……。

大川　それもいけないねえ。

釈　はい。

大川　だけど、あまりにも極端《きょくたん》すぎるような感じはしますね。やはり、これは、新渡戸稲造《にとべいなぞう》さんをお呼びして、もう一回、「武士道」を説いてもらったほうがいいのかもしれません。

釈　ああ……。

大川　侍《さむらい》精神がなさすぎますよ。

釈　なるほど。中国や北朝鮮《ちょうせん》に核《かく》で脅《おど》されて、それで黙《だま》っていられるという感覚が……。

大川　普通《ふつう》でないよね。

釈　そうですね。「それでも男か！」と言ってしまうと、ちょっと問題かもしれないですけど……。

大川　やはり、「猛女対談」に変えなければいけないかも（会場笑）。

釈　（笑）いや、あの……、「プライドというものがあるのか」ということを言いたいわけです。

大川　そうそうそう。

釈　これからも中国や北朝鮮の核に脅され続けていくという状況《じょうきょう》を考えたときに、それを無力化するような「何か」を考えなければいけないと強く思います。

大川　そうした状況にある国に限って、責任を取りたくないものだから、国家の主権が侵《おか》されている問題なのに、政府は地方主権とか地方分権とか、そういうことばかりをもてはやしたりして、論点をすり替《か》えているんですよね。考えなくていいようにするために、そちらのほうに持っていこうとするんです。

釈「この国をどう守るのか」ということに対する責任を政治家が考えていないということの状態は、もう涙《なみだ》が出るくらい悔《くや》しいです。

第二次大戦の下手な戦い方については反省が必要

大川　先の大戦では、日・独・伊の三国同盟を組んで戦いましたが、イタリアが簡単に負けてしまいましたし、ドイツも、偉《えら》そうに言っていたのに、負けてしまって、最後は日本だけで戦っていたわけです。もう本当に情けない国ばかりでしたね。

「ドイツは科学技術が進んでいる」という話だったんですが、もう本当に涙《なみだ》が出るほどの弱さでしたよね。「あの弱さは、いったい何だ」という感じがします。

釈　そうですね。

大川　開戦当時、確かに、国力はアメリカのほうが上だったと思いますが、「日本の海軍力は、最低でもアメリカの一・五倍、場合によっては二倍はあった」と言われています。

日清《にっしん》戦争や日露《にちろ》戦争のときにも、「相手国のGDPは、日本の五倍ないし十倍ぐらいあった」と言われていますし、日米戦争のときにも十倍はあったかもしれません。

ただ、ドイツがもう少し強ければ、アメリカは日本との戦いにあれほどエネルギーを割けなかったはずなので、実に情けないですねえ、あのドイツという国は。

釈　はい（笑）。

大川　もう本当に腰抜《こしぬ》けだねえ（会場笑）。性能の悪いロケットをたくさん飛ばしてね。あそこがもうちょっと強ければ、日本が負けていない可能性はかなり高いんですがねえ。

釈　そうだったんですか。

大川　ドイツやイタリアがあれほど弱かったとしても、最初の一年数カ月は、日本が圧勝していたわけですから、もうちょっと戦い方はあったと思われます。本当に涙が出るぐらい下手な戦い方をしているので、「不戦の誓《ちか》い」も結構ですが、

「戦争が下手だったことの反省も、少しはしたほうがいい」と思いますね。

釈　そうですね。

大川　相撲《すもう》取りが負けたときは、土俵の外に投げ出されたり、土俵で這《は》いつくばったりして、格好悪いものですけれども、「一回負けたら引退」ということでは、相撲は成り立ちませんのでね。

釈　はい。

大川　ですから、負けた場合には、やはり、「どうして負けたか」を反省されたほうがいいと思いますよ。

官僚のように減点を恐れていた日本軍のトップたち

大川　以前にも述べたことがあるけど、マッカーサーが、フィリピンから命からがらオーストラリアに逃《に》げて行ったときなども、「最初から、そのくらいは予想して、網《あみ》を張っておけ」と言いたいですね。私なら、「どうせ逃げるだろう」と思って網を張っておき、絶対に捕《つか》まえますけどね。そのくらいの予知ができないのは、ちょっと悲しい。

釈　そうですね。

大川　レイテ海戦のときもそうです。戦艦《せんかん》大和がレイテ湾《わん》に突《つ》っ込んでいき、なかで撃《う》って撃って撃ちまくれば、アメリカのアジア地域の艦船はほとんど沈《しず》められたのに、栗田《くりた》艦隊は、突然、Uターンして逃げて帰ったんですよ。あの情けなさは、今の日本の現状につながるものがあります。

釈　本当にそうですね。

大川　ハワイの真珠《しんじゅ》湾を攻撃《こうげき》したときにも、「反撃がある」と思って、第二波、第三波と攻撃を重ねずに逃げて帰りましたが、それと同じような情けなさがありま す。レイテ湾では近くまで行っておきながら、「たくさんの敵が待ち構えているかもしれない」と、Uターンして逃げ帰ったわけですからね。

もし、東郷平八郎《とうごうへいはちろう》だったら突っ込んでいったのは間違《まちが》いないでしょう。

アメリカの艦船は、全部、湾のなかに停泊《ていはく》していたので、戦艦大和などが突っ込んでいって、撃って撃って撃ちまくったら、全部沈められたんですよ。それで大和が沈んだとしても構わないんです。艦船を全部沈めてしまったら、アメリカの戦闘《せんとう》力はほとんどなくなったはずですからね。

あれは、やはり、明治のときのような猛将《もうしょう》が日本にいなかった証拠《しょうこ》ですね。要するに、「今の官僚《かんりょう》と同じで、用心深く、失敗やミスを恐《おそ》れるというか、減点を恐れる人たちが、軍のトップに立っていた証明だ」と思います。

また、南方戦線で、小さな島に兵をバラバラに散らして置いたのも、いけませんでしたね。やはり、問題はサイパンだったわけです。「サイパンを取られたら、東京空襲《くうしゅう》が可能になる」ということが分かっていたので、サイパンだけは絶対に取られてはいけなかったんです。

つまり、アメリカ軍は、「ある島に日本軍が一万人いたら、三万人の海兵隊を上陸させて壊滅《かいめつ》させる」という方法で来ていたわけですね。

したがって、サイパンを絶対に落とされないように、要塞《ようさい》化して固め、食糧《しょくりょう》の備蓄《びちく》をし、最低でも十万ぐらいの軍隊を置いておくべきでした。そこを三十万の軍隊で攻めるのは、そう簡単なことではないので、結果的に東京空襲はなかったはずなのです。

ところが、数千から一万ぐらいの軍隊を、あちこちの島に散らばらせていたので、あれでは全部の島を守るのは無理です。そのあたりを、よく考えなければいけなかったと思いますね。

さらに、日本も核《かく》兵器を研究していたのですが、アメリカに一歩先を越《こ》されました。あと一年あれば、日本も核兵器をつくっていたと思いますが、向こうのほうが早かったんです。

湯川秀樹《ひでき》の研究なども、実は核兵器をつくれるような研究だったので、日本も思いついてはいて、核兵器ができる可能性はあったのですけどね。

ただ、あまりにも下手な戦いをしていて、情けないかぎりでした。もう少し才能のある人を軍のトップに就けていれば、もっとまともな戦い方をしたでしょう。

零戦《ゼロせん》も、少なくとも最初の二年ぐらいは、どう見ても世界最高の性能を持っていて、アメリカの戦闘機よりも優秀《ゆうしゅう》だったのに、改善できなかったところが問題でしたね。

釈　はい。そうですね。

大川　アメリカは、さまざまな情報を分析《ぶんせき》して、「零戦の防御《ぼうぎょ》力が弱い」ということを見破ったわけです。

航空機は、機体を軽くして反転能力を高め、急上昇《じょうしょう》できるようにすれば有利になります。この反転能力の高さが零戦のよいところだったわけですが、そのために機体をギリギリまで軽くしてあったので、弾が当たったときには、かえって墜《お》ちやすくなっていたんですね。

やはり、その部分に少し改良を加えるべきだったのですが、無策だったために、ベテランのパイロットがどんどん失われていきましたよね。

零戦は一万機ぐらいあったわけですから、「やはり戦い方が下手だった」という感じがします。

欧米《おうべい》では「戦争学」は教養の一部

釈　日本は、第二次大戦のときの失敗をもっと研究すべきだと思います。

大川　ヨーロッパの国々などは、しょっちゅう戦争で負けているので、「なぜ負けたのか。どこが悪かったのか」ということを歴史として研究しています。日本の場合、一度負けたことで、全部がタブーのようになってしまっていますが、それではいけないのです。そういうものが全部消えてしまうと、今度、北朝《ちょう》鮮《せん》や中国などが、何かをやってきたときに、何も知識がないわけですよ。

釈　そうですね。

大川　「戦争学」というのは、欧米《おうべい》の教養人にとっては、教養の一部なんですよ。これを知っていなければ貴族ではありませんのでね。貴族は、みな、知識として「戦争学」を学んでいて、軍人にもなれる素質を持っているものなのです。

一方、日本には貴族はいませんが、政治家や高級官僚《かんりょう》になるために、「戦争学」を学んでいない人がほとんどです。「戦争学」は教養として認められていないので、学校でも教わりません。その結果、軍事的なものがまったく分からないため、それをすべて拒否《きょひ》してしまい、単なる精神的、情緒《じょうちょ》的な反戦のほうに向かってしまうわけです。そういうところが残念ですね。

釈　そうですね。この「空気の支配」のようなものを打ち破っていかなければいけないと、強く感じます。

大川　北朝鮮も、今のままだと、毎年毎年、ミサイルの開発を進めるのでしょうね。

釈　その次は、核《かく》実験をし、小型化した核をミサイルに載《の》せて、という順番になりますので……。

大川　もし、ミサイルが駄目《だめ》でも、例えば、「時限式の起爆《きばく》装置による核爆弾《ばくだん》ができました。深夜に秘密工作員が潜入《せんにゅう》して、それを日本海側の○○という都市に仕掛《しか》けました」と向こうが発表しただけで、日本中が大パニックでしょうね。

釈　そうですね。

大川　すごいことになると思いますよ。

釈　いずれ、そうしたかたちで脅《おど》されることは、もう目に見えています。憲法九条があるかぎり、日本は侵略《しんりゃく》されるしかない状態になっていますので、「どうやって日本を守るのか」ということを考えたときに、かなり思い切った話をし始めなければいけないと思います。

大川　うーん。

釈　今のままでは、「軍事的な問題について口に出すのもはばかられる」という風潮が続いていきます。

大川　少なくとも、個人としては、自然権として正当防衛が認められる範囲《はんい》があるわけですからね。ましてや、国家という有機体が存在する以上、個人がバラバラに戦うよりも有効な戦い方ができなければ、やはり、国家とは言えませんし、税金を取る資格もないと思いますね。「国民を守れないのであれば、税金を取るな」ということです。

釈　そうですね。

大川　「個人で戦え」と言うのであればね。

個人で武器を持っていたことも抑止《よくし》力の一つだった

大川　もちろん、個人で戦う方法が一つありますよ。それは、日本刀を復活させて、みな、侍《さむらい》に戻《もど》り、各人、各家庭に日本刀を揃《そろ》えることです。

実は、これは、明治維新《いしん》のときの抑止《よくし》力の一つだったんです。ペリーは、黒船で来航し、日本を脅《おど》しましたが、かなりの数の侍がいたため、やはり、日本占領《せんりょう》をするのは怖《こわ》かったようです。侍は、少なく見積もっても百万人以上はいたでしょうから、向こうは夜もおちおち眠《ねむ》れません。結局、占領しようにも占領できなかったわけですね。

釈　なるほど。

大川　日本刀で斬《き》り込《こ》んでこられたら、もう終わりですからね。

釈　そうですね。

大川　日本も、最後には、「日本刀の復活」もしなければいけないかもしれません。

しかし、日本刀を持っていても、今は、映画「ファイナル・ジャッジメント」のように、マシンガンや銃《じゅう》でやられてしまいますからね。

中国のほうも「カンフーだけで戦う」というのなら、こちらも体を使って、柔《じゅう》道《どう》や剣道《けんどう》などで戦いますけどもね。やはり、ある程度フェアでなければいけません。

釈　（笑）そうですね。はい。

大川　「武器に差がある」というのは、圧倒《あっとう》的な問題ですからね。

釈　チベットも、やはり、武器の差でやられていきました。

大川　そうです。二十七万人もいた僧侶《そうりょ》が無防備だったんです。

釈　無防備ですね。

大川　それこそ、少林寺拳法《しょうりんじけんぽう》をしっかりやっておけばよかったのにね。棒術《ぼうじゅつ》でもやっていれば、仕込《しこ》み杖《づえ》のように、あらかじめ棒のなかに刀を仕込んでおいて、いざというときには、それで戦うことができたかもしれません。カンフー映画で勉強して、みんなで訓練していれば、少しは戦えたかもしれませんが、僧侶が二十七万人もいたのに、みんな逃《に》げたか、殺されたかでしょう。六千以上あったお寺も……。

釈　八カ所になってしまいました。はい。

大川　ええ。ほとんどの寺は破壊《はかい》されてしまったようですね。

釈　抵抗《ていこう》運動は、アメリカの支援《しえん》もあって、かなりやってはいたらしいんですが。

「自分の国は自分で守る」のは当たり前のこと

大川　今も、彼らは、自分の体に火をつけ、火だるまになって抗議《こうぎ》していますが、あれは、『法華経《ほけきょう》』等に書いてある「焼身供養《しょうしんくよう》」という考えからきているんですね。

釈　ああ、そうなんですか。

大川　「焼身供養」というものが『法華経』にあるんですよ。

釈　はい。

大川　だから、それで、体を燃やして抗議しているのです。

昔から、自分の小指を燃やしたりするなど、「体を燃やして供養する」という考え方があることは事実です。特に、南伝仏教のほうにはかなり遺《のこ》っていますが、体を燃やすという方法で抗議しているわけです。

しかし、あのようなことをするぐらいならば、きちっと国防をしておくべきでしたね。

釈　そう思います。

大川　もし、現在の日米関係がしっかりしていて、アメリカ軍の戦力も申し分なく、抑止力《よくし》として十分であるならば、日本の国防は、日米関係の維持《いじ》をするだけでも問題はありませんし、それで、戦後、ある程度までは行けたのだろうと思います。

しかし、今、これだけ日本の図体が大きくなっているのに、「自分で国を守ろうとしない」ということは問題でしょう。

アメリカからすれば、「なぜアメリカ人の若者の命を懸《か》けて、日本を守らなければいけないのか」と言いたいところですよね。

釈　そうですね。

大川　もし、中国レベルの国が相手になったら、何万人の米兵が死ぬか分かりません。「なぜアメリカ人が、日本人のために何万人も死ななければいけないのか。日本人は国を守る気がないのだろう？　そんな国は中国に吸収されてしまえばいい」と、アメリカに言われたら終わりですからね。

釈　そうですね。今の日本にとっての最初の課題は、「日本人が、『自分の国は自分で守る』という、当たり前の考え方を持てるかどうか」という点ですね。

大川　そこに仏教の弱点がありますからね。日本も仏教国として遺っているし、その思想の一部は、もしかしたら左翼《さよく》の源流になっているかもしれないのですが、基本的に、仏教の平和主義の教えを、「悪を増長させる方向で使ってはならない」ということを言っておきたいのです。

第4章

国論をリードし続ける幸福の科学

中国は『1984年』の描写《びょうしゃ》さながらの監視《かんし》国家

大川　中国が、「人権運動家が、命からがら国外へ逃《に》げなければいけないような国」ではなく、開かれた国であるならば、別に構わないのですが、現実にはそうではありません。

日本のNHKの放送でさえ、中国にとって都合の悪い内容があればブラックアウトして見せなくするぐらいのことはするし、インターネットでも、一度検閲《けんえつ》に引っかかると、次からは三十秒で接続をブロックしてくるようなことをする国なのです。あれだけの巨大《きょだい》さで、そこまでのことができるということは、恐《おそ》るべき社会ですよ。

釈　本当にそう思います。

大川　これは、ジョージ・オーウェルの『1984年』で描《えが》かれた未来社会そのものですよ。

釈　まったくそのとおりです。

大川　「テレスクリーン」(『1984年』のなかに出てくる、政府のプロパガンダ放送と監視《かんし》カメラを兼《か》ねた装置)で全国民を見張っているような社会が出来上がっている状態ですよね。

釈　そうですね。

ただ、内部のほうではいろいろな動きもあるようです。現在、海外に行く若い中国人が増えていますので、アメリカなり日本なりの現地で、一般《いっぱん》の若い子たちと交流したりすると、やはり、考え方がだいぶ変わるらしいんです。

大川　まあ、「アメリカ留学組」などは、基本的には、中国政府の本当の中枢《ちゅうすう》部には入れないようになっていますのでね。やはり、「留学先で洗脳を受けている」と考えられているようです。

釈　ああ、なるほど。

大川　彼らは「スパイ要員」としてアメリカに送られているわけです。つまり、アメリカとのパイプをつくり、アメリカへ逆潜入《せんにゅう》するために送られている要員ではあるのですが、中国政府は、彼らの忠誠心を信じ切ることができないために、共産党内の本当の枢要《すうよう》部には置かないようにしているんです。

習近平《しゅうきんぺい》氏が次の国家主席になるときに、おそらく首相になると言われている李《り》克強《こくきょう》氏などは、習近平氏よりもエリートだったんですけれども、彼は、ハーバード大への留学試験に合格していたのに、結局、行かなかったと言われていますよね。それは、ハーバードへ留学したら、もうトップエリートにはなれないからです。「アメリカに留学した人は、半分ないし何分の一かはアメリカで洗脳を受けていて、自国を倒《たお》す危険要素を持っている可能性がある」と見られていますのでね。だから、李克強氏は留学を断念して、エリートへの道を歩んでいるわけです。

釈　うーん。なるほど。

大川　こうした事例を見ると、やはり、それほど単純に、「アメリカに行っている人が多いから大丈夫《だいじょうぶ》だ」というほど、甘《あま》くはないでしょう。

中国は「政経分離《ぶんり》」しているため、実業界のほうでは、金儲《もう》けについてかなりアメリカに学んでいるし、両国の貿易額も大きいのですが、政治のほうには、まだかなり壁《かべ》があると思いますね。

釈　中国の民主化に向けて、幸福の科学でも現地伝道が進んでいますが、中国の信者たちは命懸《が》けで活動をしています。

大川　みんな命からがらで、「声を変え、顔も隠して」というのは、何だか時代錯誤《さくご》で、悲しいですね。

釈　中国で幸福の科学を信じている方は、本当にしっかりとした信仰《しんこう》を持って、「死んでもいい」という気持ちで伝道されているようです。

それにしても、マスコミなども、「中国や北朝鮮《ちょうせん》といった国に対して、日本としてはどう考えるべきなのか」という価値判断を、もっとしっかり発信しなければいけないと思います。北朝鮮では一九九五年からの「大飢餓《だいきが》時代」の数年間で、少なくとも三百万人以上の方が餓死《がし》していますし、中国でも一九八九年に若者の民主化運動を弾圧した天安門事件などがありました。

私は、「こうした国々に対して、日本はどういうかたちで接していくか」ということ、国家としてのリーダーシップについて考えていきたいですし、できれば、「日本が〝世界ナンバーワン〟の国として、こうした国々を導いていけるような国家になるべきだ」と、本当に思います。

大川　少なくとも、今の日本は、「世界でいちばん平和な国」なんですからね。

釈　はい。

大川　日本は、もう少しリーダーシップを持ってもいいですね。

マスコミを先導してきた「勇気ある言論」

大川　私は、中国や北朝鮮《ちょうせん》の体制については、「弾丸《だんがん》を使わなくても倒《たお》せる」とも言っていますが、実は、あの政治体制は、「情報公開してしまえば崩《くず》れる」体制なんですよ。完全に情報公開し、国民に真実を知らせてしまえば崩壊《ほうかい》する国家であることは、間違《まちが》いありません。旧ソ連が〝崩壊した実績〟を見せてしまっているために、彼らは、ものすごく強力に情報統制をかけているのですね。情報公開したら、完全に崩壊します。

だから、マスコミなどには、もっともっと頑張《がんば》っていただきたいですねえ。

釈　はい。そうですね。

大川　うーん。やはり、機関銃《じゅう》を背負って取材に行ってほしいぐらいですよ（笑）。

釈　「マスコミのお尻《しり》を叩《たた》くのも幸福の科学」という図式になっていますので……。

大川　情けないよなあ。向こうの支局を閉鎖《へいさ》されるのが怖《こわ》くて、とにかくご機嫌《きげん》を取っているような感じでしょうかね？

釈　はい。

それに対して、大川総裁の発信は、あまりにも勇気に溢《あふ》れています。

この間の財務省への批判（注。二〇一二年三月二日、財務大臣・安住淳《あずみじゅん》氏の守《しゅ》護霊《ごれい》および財務事務次官・勝栄二郎《かつえいじろう》氏の守護霊インタヴューを公開収録。『財務省のスピリチュアル診断《しんだん》』参照）もそうですけれども、そうした発信に心強く思われた方々が、次々と立ち上がり始めています。

大川　まあ、そうですね。少しは変わってきていますよ。

釈　変わりつつあると感じています。

大川　中国の〝友達〟だった「朝日新聞」でも、中国の空母建設などを取り上げたりするようになってきましたからね。

やはり、新しい言論が出ることで、「ほかも言っているならば、うちも言ってもいいかな」といった日本的な横並び体質によって、追随《ついずい》するマスコミが出てくる面はあります。

まあ、マスコミ全体でも、その全部が当会の味方とまでは言いませんが、「多少、先が見えるのかもしれない」という感じを持ってはいるのでしょう。だから、うちが言っていることについては、しばらくすると、マスコミも後追いで取り上げることがありますよねえ。

釈　そうですね。大川総裁の言論が、ある意味、さまざまな問題の〝蓋《ふた》〟を開《あ》けるような効果をもたらし、そのあと、ワーッと広がっていくことがよくあります。

大川　そうそう。だから、まあ、リスクは背負っているのかもしれないけどもね。

釈　はい。これが、恒例のパターンになっているような気がしております。

例えば、大手マスコミである講談社に対し、正面から意見を言ったのも、幸福の科学が初めてでしたし、「ゆとり教育」批判なども、やはりそうでした。

大川　ゆとり教育のときにも、「これは間違っている」と、はっきり言いました（一九九八年五月二十七日収録法話「未来への創造」。『奇跡《きせき》の法』第4章〔幸福の科学出版刊〉所収）が、結局、世論が引っ繰《く》り返りましたよね。

釈　ええ。やはり、悪というものは、ボヤっと自然発生的に広がるのではなく、ある意味、「特定の個人の心」に魔が入って広がっていくものだと思います。ここ何十年か見るかぎり、「誰が危ないか」ということを明確に見抜《ぬ》いているのは、いつも大川総裁であったという気がしております。

三重野《みえの》氏の「バブル潰《つぶ》し」をほめ称《たた》えたマスコミの罪

大川　間もなく本になると思いますが、最近も、日本のバブル経済崩壊の主犯の一人である三重野康氏《みえのやすし》を追及《ついきゅう》しています（注。二〇一二年五月一日、元日銀総裁・三重野康氏の霊言《れいげん》を公開収録。『平成の鬼平《おにへい》へのファイナル・ジャッジメント』〈幸福実現党刊〕参照）。

三重野氏についても、マスコミの主力が彼の「バブル潰《つぶ》し」をほめそやしていた時代に、私は、「日銀の新総裁は間違《まちが》っている。こんなことを許してはいけない」と、講演会ではっきりと言いましたからね（一九九二年第6回講演会「逆境からの脱出」。『理想国家日本の条件』第3章〔幸福の科学出版刊〕所収）。

釈　実質的に名指しで批判をされました。

大川　一宗教法人であるにもかかわらず、「こんなこと（バブル潰し）で、〝平成の鬼平〟などと、おだてられるのは間違っている。国民の財産をここまで減らしておいて、ただですむと思っているのか」と、三重野批判をしました。

国民の財産を半分、いや何分の一まで減らしておいて、それでほめ称《たた》えられるなどというのは、間違ったことです。明らかに間違っています。

例えば、「株のインサイダー取引によって、一部の人が儲《もう》けた」というような、何かうまいことをやったという問題に対応したのであれば、それは分かりますよ。そういうことであれば、ずるをしたわけだから、叩《たた》くべきだとは思います。

しかし、景気がよくなって、「まだまだ景気は拡大する」と信じ、大勢の人が株を買い続けているときに、政府は、抜き打ちのように、いきなりダーンと株価を落とすような政策を実施《じっし》したのです。「景気に冷水《ひやみず》をかけるようなことをして、国民の財産を失わせた」ということは、それこそ補償《ほしょう》していただかないといけないぐらいのことです。

「そういうことを強権的にできるにもかかわらず、『日銀の独立性』云々《うんぬん》と言って、立場を守れるのはおかしい」ということを、あのときも私ははっきりと言った覚えがあります。

日本の国力を衰退《すいたい》させた「ゆとり教育」

大川 「ゆとり教育」を批判したときも、世間では、ゆとり全盛期でしたよね。もうそれこそ、「全員が百点を取れます」などと言っている小学校もあった時期です。ちょうど、旧文部省の課長だった寺脇研《てらわきけん》氏が、「学校でいじめが流行《はや》っているのは、過熱した競争のためであるから、『ゆとり学習』を実施《じっし》するべきだ」と主張し、一躍《いちやく》スターになったころのことでした。当時は、「これでみんなが百点を取れる。みんなが百点を取れるようになったら、いじめなど一切起きなくなる」と言われていたんですね。

しかし、私は、「これは大変なことになる。このままでは、国力が衰退《すいたい》し、国際競争力が落ち、日本は脱落《だつらく》する」と思って批判しました。そして、何年かかけて、それを引っ繰《く》り返させたのです。あのときは、三、四年かかったかな？ 三、四年ほどかけて、世論を引っ繰り返したと思いますが、当時、私が言っていたことには一点の間違《まちが》いもありません。

釈　まったくそのとおりです。

かつての、「ゆとり教育」という名の〝バカづくり路線〟の影響《えいきょう》で、いまだに苦労している若い人も大勢いるといいます。

大川　卒業した人たちが企業《きぎょう》の生産力を落とし、国際競争力の面でも各企業が負け続けている状況《じょうきょう》ですからね。

釈　ええ。「就職率が低い」のも、やはり、そのせいだと思います。

大川　最近、幸福の科学学園を開校した関係もあり、私は、英語教育の重要性について、よく語っていますが、ゆとり教育のころには、英語の「必須《ひっす》単語」のようなものをほとんどなくしていくような流れでしたからね。

釈　はい、そうですね。

大川　「『これだけ学ばなければいけない』という対象を、どんどんどんどん狭《せま》くしていけば、誰でもできるようになる」という考えには、やはり、インチキというか、嘘《うそ》があります。

釈　なるほど。

大川　そういう考え方が出てきた背景について、私は、寺脇氏の個人体験が関係していると見ていましたね。

彼には、勉強のことで父親にいじめられ、学歴に押《お》し潰《つぶ》されるという、つらい体験があったために、「そういう不幸から人を救いたい」という、一種、宗教的な動機が出てきた面もあったのでしょう。あの人もキリスト教系のラ・サール高校出身でしたから、考え方のなかに宗教的なものも入っていたのだろうとは思います。

ただ、宗教的なものも、場合によっては悪を犯《おか》すことがあるのです。つまり、簡単に「左翼《さよく》思想」に結びつくところがあるんですよ。

釈　そうですね。

大川　一見、弱者に優しいように見えますが、実は、それによって、弱者はもっとひどい状況に置かれることになるんです。

要するに、「上下の差があるのはよくないから、全体を下に揃《そろ》えればよい」という考えを実行すると、全体が悪くなり、「ここが底だ」と思っていたものが、さらに二段底、三段底へと落ちていくのです。それで、結局、下のほうへと引きずり込《こ》んでいかれるんですよ。これが分からないんですね。

釈　なるほど。

大川　世の中に、儲《もう》かっている人や、うまくいっている人がいるからこそ、そういう弱者を救える余地もあるのですが、「上のほうの人を全部取ってしまえば、みんな平等になります」と言えば、もっと下に落ちることになるのです。これは地獄《じごく》と同じ構造で、下に落ちていくんですよね。

このような考えは善意から出てくることがあるわけです。

当会は、世論が支持する考えとは反対の意見であっても、あえて言うことがあります。そのときには人気がないのかもしれませんが、だんだんと周りがついてくるようになるのです。

釈　そうですね。

「核《かく》ミサイル発射」の危機に逆行する日本の原発対応

大川　今回の映画「ファイナル・ジャッジメント」のテーマでもありますが、国民の大多数は、まだ〝日本奪還《だっかん》〟のような事態までは考えていないと思うんですよ。

少なくとも、「島の一つでいざこざが起きる程度のことはあるかもしれない」と思っている人はいるかもしれませんが、「日本が外国に取られてしまったため、地下組織をつくり、祖国を奪還するための抵抗《ていこう》運動をする」などというような話になると、もはやＳＦの世界で、大多数の日本人は、さすがにそこまで考えていないと思うのです。

釈 それはそうでしょうね。

大川 ただ、このような危機を、何年か早めに警告しておくことによって、多少、世間も追いついてくるのではないかと思っています。

釈 現時点で、「隣国《りんごく》が攻《せ》めてくる」という映画をつくったこと自体、もしかしたら、「すごい勇気だ」というように思われているのではないでしょうか。

大川 そうですよ。これを企画《きかく》したのは、さらに、もっともっと前だったんですね。

釈 二〇〇六年のことだったと伺《うかが》っています。

大川　そういうことです。

今回の北朝鮮《ちょうせん》のミサイル実験（二〇一二年四月十三日）は失敗に終わりましたが、もし、核《かく》兵器を載《の》せた弾道《だんどう》ミサイルが、現実に命中するだけの精度になり、「九州であろうが大阪であろうが、狙《ねら》った場所に必ず命中する」と言われたら、その段階で、日本はほとんどギブアップですよ。

「アメリカがパトリオットミサイルを撃《う》って日本を守る」などと言っても、実際に使ってみたら、本当に弾道ミサイルに当てて落とせるかどうかは分かりませんからね（笑）。

実際、湾岸《わんがん》戦争のときには、サダム・フセイン率いるイラク軍のスカッドミサイルを、多国籍《こくせき》軍がパトリオットミサイルで撃ち落とした映像を、一生懸命《けんめい》、流していましたが、そのときの命中率は半分だったとも言われています（注。九パーセントという米会計検査院の調査結果もある）。つまり、「実際に撃った弾《たま》の半分は着弾している」ということですよね。半分の弾は地上に落ちて、大きな被害《ひがい》が出ているのです。

やはり、半分の弾が落ちただけでも、たまらないですよ。二発撃って一発落ちるだけでも大変なことです。もし、そのミサイルが、広島・長崎型原爆《がたげんばく》のレベルまで行っていたら、十万人ぐらいは死んでしまいますからね。

釈　ええ。

大川　そういうミサイルには小型化の技術が要《い》りますので、北朝鮮にはそこまでできないとしても、飛行機で飛んできて、上空からポトンと落とすことぐらいは、できないわけではありませんからね。

釈　北朝鮮には、すでに中距離《きょり》ミサイルの「ノドン」がありますので、非常に危ないと思います。

大川　ええ、危ないですよ。ですから、日本がそれをじーっと待っているだけで、「開発が失敗しましたね。次は頑張《がんば》りましょう」などと、北朝鮮を応援《おうえん》するわけにはいきませんよね。

釈　私は、「なぜ日本人は座して死を待つのか」ということが疑問なんです。このあたりのメンタリティーを何とかしないといけないと思います。

大川　核兵器は、「核実験に三回成功したら実戦に使える」ということが分かっています。今、これを収録している段階では、三回目の実験はまだ延ばしているようですけどね。

先日の「金日成《キムイルソン》生誕百周年記念」（二〇一二年四月十五日）のときには実験をしませんでした。金正恩《キムジョンウン》氏は少し様子を見ているようではありますが、あの性格から見て、何もしないままではいられないと思います。

釈　そうですね。はい。

大川　核実験に三回成功したら、だいたい実戦で使えることが分かっているので、最低限、広島・長崎型の原爆のようなものができることは間違いありません。

ミサイルの上に載せるには小型化が必要ですが、これは難しかったようです。

この前のミサイルは、「人工衛星だ」と説明されていましたが、そうは言っても、先端《せんたん》部分を見ると小さすぎるので、あれでは人工衛星になりません。あれが間違いなく「模型」をくっつけたものであることは、見てすぐに分かりました。

しかし、実験を続けていけば、いずれ、成功するかもしれませんからねえ。

釈　そうですね。

大川　日本の領土内にミサイルが落ちたとしても、日本は抗議するだけで、きっと何もできないでしょう。おそらくは何もできません。実際に人が死ななければ、何もしないでしょうね。

釈　それはもう、映画「ファイナル・ジャッジメント」でも描かれていた通りです。

大川　それどころか、向こう（北朝鮮）は核ミサイルをつくっているのに、日本では、去年の原発事故の影響《えいきょう》で、「原子力発電所を廃止《はいし》しよう」という運動になっているので、「何か勘違《かんちが》いしているのではありませんか」と言いたいですね。

釈　本当にそうです。

大川　アメリカは、広島・長崎に原爆を落として、それぞれ十万人以上の人を殺していますから、「原爆の平和祈念館を見て反省したアメリカ人が、『もう原発はやめよう』と言っている」というのなら分かります。しかし、原爆を落とされた日本のほうが、「原子力の開発はなしにしましょう」と言っていて、戦争に勝ったほうの国が、一生懸命、開発しているような状況《じょうきょう》です。

まあ、はっきり言いまして、少々いかれていますよ。

釈　そうですね。核アレルギーを持たれる方のお気持ちは分かるのですが……。ただ、本当に国を守りたいのであれば、やはり、「核武装論」に対する議論は避《さ》けて通れませんし、できれば、それを超《こ》えるような考え方を持たなければいけないと思います。

大川　それは、もちろん、最終の手段ではありますけれどもね。その前にやらなければいけないことがあるとは思います。

「放射能汚染《おせん》」よりも「節電」による死者が多い現実

大川　政府は、少なくとも、「消費税」を争点として、まだまだやっていくつもりでしょうから、まあ、せいぜいやらせてあげたらいいでしょうが、その次の争点としては、「原子炉《ろ》の再稼働《かどう》をさせる人」が次期総理です。もうそこまでは読めています。原子炉を再稼働させる人が、次の総理をするでしょうね。

その意味では、「大阪維新《いしん》の会」が「大飯《おおい》原発を止める」などと言っているけれど、これで、「橋下徹《はしもととおる》氏は総理になれない」ということが決まるんですよ。原発に反対したら、もう、総理にはなれません。（注。その後、橋下氏は一転して大飯原発の再稼働を容認した。ただし、本対談の二日後〔五月十日〕に収録した橋下徹氏守護霊《しゅごれい》インタヴューのなかで、同氏の守護霊は、「支持率さえ取れれば『脱《だつ》原発』でも『再稼動』でも構わない」と発言している点、補足しておきたい。『徹底霊《れい》査《さ》　橋下徹は宰相《さいしょう》の器《うつわ》か』〔幸福実現党刊〕参照）

釈　この一点ですね。

大川　なれませんね。次の総理は、原発を再稼働できる人です。

釈　はい。

大川　この一年間、「福島原発で事故が起きた」と、マスコミが騒《さわ》いできましたが、少なくとも、それによって直接的に死んだ人がいるわけではありませんのでね。

それどころか、政府が「節電」を呼びかけて節電運動をしたために、正直にそれを守って、暑いなか、クーラーを消して我慢《がまん》していたお年寄りたちが大勢亡くなっています。一日に何十人も亡くなった日もあったぐらいです。今年の夏も、おそらく、熱中症が原因で死ぬ人は、たくさん出てくると思います。現段階では、「放射線ですぐに死ぬ」ということはありえませんが、「熱中症で死ぬ」という人は確実に出てくるでしょうね。

釈　そうですね。はい。

大川　たぶん、今年も、だいぶ〝殺し〟ますよ。

釈　熱中症では毎年、何百人も死亡していて、特に記録的な酷暑だった一昨年は千七百人以上亡くなりました。去年も、相当の数、亡くなられたと思います。

大川　そうですね。でも、そのときに、マスコミは、少しは報道しますけれども、あとになってからは言いませんよね。黙《だま》っています。そのときだけ少し言って、あとはフォローしないんです。

そのかわり、放射能汚染《おせん》だけを、ずーっと一年間報道してきたので、「〝原発ゼロ〟の日が来た」というだけで、大勝利ムードになっていて、もう、鬼《おに》の首を取ったように報道していますよね。

釈　何とも言えないものがあります。

大川　このあたりを見ると、まあ残念ですが、マスコミは知能が低いのではないでしょうかね。

釈　日本人は、「何が正しいか」ということを考えるような体質に変わらないといけないと思います。

大川　逆に言えば、これが、「原子力発電の放射線の影響《えいきょう》で百人死んだ」という報道だったら、大変なことですよ。

釈　本当に「一人も死んでいない」ものと、「千人死ぬかもしれない」というもののとの比率で考えても、まったくバランスの悪い話になりますからね。

大川　だけど、どちらも人命が失われるという意味では同じなんですよ。ですから、「何にフォーカスして伝えるか」の問題です。

釈　そうですね。

大川　自分たちがやってきたことの成果があったと思えば、「手柄《てがら》だ」と思って報道するんでしょうけれども……。まあ、このへんはしかたがありませんね。

幸福の科学しか言うところがないのであれば、幸福実現党で何人〝討ち死に〟しようとも、やはり突っ込んでいく以外にしかたがありません。今は〝二〇三高地〟のようなものですから、〝死骸《しがい》の山〟をつくるのは、しかたがないですよ（会場笑）。まあ、万の単位で死骸の山をつくろうとしても、まだ、万の数の立候補者はつくれないでしょうから、そこまではいきませんけどね。やはり突《つ》っ込《こ》んでいかざるをえないでしょう。

しかし、そのうち、〝大砲《たいほう》〟だって出来上がるかもしれませんよ。

釈　私たちが主張していることは、小さなことではなく、最初から開き直って、次から次へと言うべきことを主張しています。政治家なら、「暗殺覚悟《かくご》」でいかないといけません。

大川　そうですねえ。まあ、しかし、こんな内容だったら、最初のタイトルどおり、「猛女対談」になるんじゃないの？（会場笑）

釈　いーえ、いえいえ。

大川　ああ、やはり「美女対談」は無理だったかな（会場笑）。

第5章

憲法九条の問題点と日本の使命

数多くの「嘘《うそ》」がある日本国憲法

大川　ところで、最初の話に戻《もど》りますが、憲法の問題については、世間で言いにくいのであれば、もっとうちが言うべきだと思います。やはり、嘘《うそ》があるのはよくないですよ。

釈　はい。

大川　「憲法自体に嘘がある」というのは、やはりよくありません。憲法九条にしても、素直な目で読めば、どう見ても、自衛隊が存在するのは無理ですよ。いわゆる「芦田《あしだ》修正」（芦田均《ひとし》首相が憲法九条に追加した文言）が入っているにしても、「『前項《ぜんこう》の目的を達するため』という文言が入っているから、『自衛のための軍隊』は許されるのだ」というような解釈をするのは、ある種の詭弁《きべん》です。素直に条文を読めば、戦争ができないことになっているので、自衛隊の存在を認めるのは無理です。要するに、〝自分の国を守れない〟ということが憲法に書いてあるわけです。

釈　はい。

大川　はっきりと、「この憲法は、国の最高法規であつて、その条規に反する法律、命令、詔勅《しょうちょく》及《およ》び国務《こくむ》に関するその他の行為《こうい》の全部又《また》は一部は、その効力を有しない」（第九十八条）とまで書いてありますからね。

これでいけば、自衛隊を認めるのは無理ですよ。「自衛隊法」は、あっさりと、簡単に引っ掛《か》かります。こういう嘘を教えてはいけません。

釈　そうですね。はい。

大川　「天皇制」の部分も、憲法には「国民の総意に基《もと》づく」と書いてありますが、「天皇制を存続させる」という国民投票をしたわけではありません。戦後、「天皇制の存続」について、国民投票をしてもよかったのに、実際には行っていないですよね。

このように、日本国憲法には、いろいろと問題は多いのです。

釈　そうですね。ぜひ、ここを突破《とっぱ》していきたいと思っています。

憲法九条は「平和を愛さない諸国民」には適用されない

釈　やはり、「これからの千年、二千年、日本は、どのような国として遺っていくべきか」ということを考えたときに、今の憲法を掲《かか》げているかぎりは、やはり世界を導く立場には立てません。

ただ、「国家としての意思」の部分を、どのように変えていけばよいのかというと……。

大川　あまり変えられると、法曹《ほうそう》関係者から、官僚《かんりょう》、マスコミ関係者まで、みな、ご飯を食べていけなくなるから、少しだけの変更にしてほしいのかもしれませんがね。

釈　しかし、幸福実現党が、〝ちゃぶ台返し政党〟としてですね（笑）。

大川　ハハハ。

釈　もう本当に、「ガラガラポン」をやるしかないと思っています（会場笑）。

大川　「未確認飛行物体」というものがあるけれども、幸福実現党も、〝未公認行動政党〟として頑張《がんば》らざるをえないかもしれませんね。

釈　そうですね。いろいろなものを全部白紙にして、「では、何がいちばんよいのか」ということを考えたとき、やはり、それは仏法真理であると思います。したがって、憲法も、最終的には、法の根源から下りてくる価値観をそのまま体現した、大川隆法総裁の「新・日本国憲法試案」に帰着するのではないでしょうか。

大川　私は、もちろん、「憲法を変えるべきだ」とは思いますが、この体《てい》たらくでは、そう簡単にはいかないと思います。

そこで、場合によっては、「憲法前文に照らせば、九条が適用されない国もある。『平和を愛さない諸国民』に対しては適用されない」という、「憲法九条適用の除外」を打ち出す必要があるでしょう。（『この国を守り抜《ぬ》け』『平和への決断』〔幸福実現党刊〕参照）

もし、万一、奇襲《きしゅう》で攻撃《こうげき》された場合には、絶対、これを使う以外に反撃の方法がないので、あらかじめ提言しています。そして、「そういう考えもありうる」ということは、憲法学者も認めてくれていますのでね。

釈　そうですね。はい。

今の憲法はアメリカによる〝刀狩《が》り憲法〟

大川　今、憲法九条解釈《かいしゃく》の方法を一つ出しました。それから、「交戦権がない」（第九条第二項《こう》）というような状況《じょうきょう》は、憲法そのもののなかにある、ある意味での「奴隷《どれい》的拘束《こうそく》」（第十八条）に相当するかもしれません。

釈　なるほど。

大川　奴隷的拘束に当たるかもしれませんよ。日本国憲法は、アメリカ軍が日本に対して奴隷的拘束をするためにつくった憲法ですからね。
要するに、これは、インディアンに対して〝刀狩《が》り〟をしたというか、騎兵隊《きへい》がインディアンの弓矢を取り上げたのと同じようなものです。彼らは、インディアンが二度と立ち向かってこられないように、幌《ほろ》馬車を襲《おそ》えないように、武器をすべて取り上げましたが、この憲法はそんな感じですね。

釈　つまり、〝刀狩り憲法〟ですね。

大川　はっきり言えば、そのような感じですよ。いわば、日本はアメリカの「インディアン自治区」のようになっているのだと思いますね。

そのようなわけで、基本的には、憲法を改正すべきでしょう。

しかし、まあ、少し恥《は》ずかしいですねえ。アメリカから憲法を押《お》し戴《いただ》いてから六十五年もずっとそのままにしていることには、若干、恥ずかしい面があります。

それに、「憲法九条があったから、戦争が起きなかったのか」と言えば、まったく関係ないかもしれませんよ。

釈　そうですね。

国家としての独立には「自衛のための戦力」が必要

大川　もちろん、「日本は、積極的派兵をしなかったために、ベトナム戦争、その他いろいろな紛争《ふんそう》に参加せずにすんだ」というような言い方もあるのかもしれませんが、その分、「国際社会において、名誉《めいよ》ある地位を占《し》め」られなかった面はあります。

イラク戦争にも行かずにすんだところはあるかもしれませんけれども、これでは、憲法前文で言うところの「名誉ある地位」を占めているとは言えませんね。日本は本当に平和的にやっているつもりでいるのかもしれませんが、諸外国からは非常にエゴイスティックに見えているところがありますよ。

釈　まさに「経済だけ」という……。

大川　ええ。「アジアやアフリカ、その他の国から、『日本は、責任を取らないエゴイスティックな国だ』と見られている」ということを知らなければいけません。

釈　はい。

大川　やはり、アメリカも、「なぜアメリカ人ばかりが世界各地で大勢死ななければいけないのか」と思っているでしょうね。

釈　今こそ日本人は「公的な使命」に目覚めなければいけないと思います。

大川　「財政赤字」を言い訳にしても、アメリカだって、「そんなもの、うちはもっとすごいですよ」と言うでしょうね。

釈　そうですね（笑）。

大川　アメリカの場合は、貿易赤字と財政赤字の両方ですから、「日本どころではありません。赤字の額が違《ちが》いますよ」と言うでしょう。アメリカにも、言いたいことはたくさんあるでしょうね。それを我慢《がまん》してやっているわけです。

釈　そうですね。日本が「公的な使命」に目覚めるためには、やはり、宗教・軍事・経済の三つが重要です。特に、「『宗教』を背骨にした国にする」というところは、しっかりと戦っていきたいと思います。

大川　やはり、私は、「あらゆる国家には、その独立性を担保する権利がある」と思います。

「独立性を担保する」という意味では、当然ながら、自衛隊、自衛のための戦力は保持すべきですね。バチカン市国にだって、衛兵ぐらいはいるんですから（笑）。バチカン市国でも国を守っていますよ。

釈　はい。スイスの傭兵《ようへい》が守っていますね。

大川　スイスの傭兵がいますし、スイスそのものも、「永世中立国」と言いつつ、ちゃんと軍隊を持っているわけです。「軍隊をどのように運用するか」という問題と、「軍隊の存在そのものを認めない」という問題は別なのです。

特に心配する問題もないときには、現状のままでも別によいのかもしれませんけれども、「今、日本の国防問題を放置すると、その延長上にあるものは何であるか」ということを、やはり、よく見なければいけないと思います。

中国が積極的に拡大路線をとろうとしていることは、すでに見えています。それに伴《ともな》い、中国が、アメリカに対して、アジアからの撤退《てったい》を望んでいること、実際にそのための工作をしていること、そして、アメリカ自身も実際に弱ってきているということも見えてきていますからね。

古い知識を捨てて世界の財政危機に対応せよ

大川　また、財政危機等を通して、今、ヨーロッパのほうも沈《しず》みつつあります。本当は、ヨーロッパの危機だって、「日本に助けてもらいたい」ぐらいのレベルなんでしょうね。

釈　そうですね。はい。

大川　フランスの新しい大統領も、「日本との関係を親密にしたい」などと言っているようですが、本音は「助けてくれ」ですよ。要するに、ドイツ一国では、もう、ヨーロッパ全体を助けられない状態なのでしょう。

釈　はい。

大川　ＥＵの「ユーロ」は、基軸《きじく》通貨としての地位が、かなり〝ありえない〟状態まで来ています。

また、中国でも、今、本当はバブル崩壊《ほうかい》が進行しているので、「元」に対する信頼がありません。

アメリカは〝双子《ふたご》の赤字〟（貿易赤字と財政赤字）で、これを減らすに減らせないため、やはり、「大きな政府」で走っています。

だから、どうしても「円」が高くなるのは当然で、円買いは進むし、崩壊しようがないですよね。これでハイパーインフレが起きるはずはないのに、日本銀行の偉《えら》い方々は、ハイパーインフレを恐れて、お金が出回らないように、一生懸《けん》命《めい》、努力なさっている状態です。

釈　そうですね。

大川　大学の経済学部では、「優」ぐらい取っていたのだろうに、「なぜ経済がこれほど分からないのだろうか」と思うぐらい、彼らは分からないんですね。かわいそうです。「なぜそんなに頭が悪いのだろう」と思うぐらい、気の毒な状況《じょうきょう》ですねえ。

釈　いやあ、もう……（笑）。

大川　私も、「なぜ宗教がここまで言わなければいけないのか」という気がしないでもないんですけどね（会場笑）。

釈　そうですねえ。意外に、彼らが今まで勉強してきた知識は、全部、逆のものですので。

大川　そうそう。

釈　経済学もそうです。やはり、教育のところが間違《まちが》っていた期間、一生懸命に勉強してきた方々には、お引き取りいただかないといけません。

大川　まあ、「逆」と言うよりは、「時代が移り変わる過程でリストラがあるように、そういう古い知識も、全部、体系的に廃棄《はいき》していかなければならなかった」と言うべきでしょうね。

釈　そうですね。

大川　だけど、人間のいちばんの問題は、その「学習したものを捨てる」という機能がないことなんですよ。

釈　なるほど。

大川　「捨てる」ということは教わっていないんです。学習したことを、後生大事にずーっと持っていることが大切だと言われてきたのでしょうが、捨てることは教わっていないわけですね。つまり、昔、学んだことが捨てられないでいるんですよ。

憲法に関しても、「昔、教わったことだから」と、それを捨てられずにいるんですよね。

釈 なるほど。「『勉強に投下した時間』が多い人ほど、古い知識を捨てられない」という……(笑)。

大川 そうなんですよ。知識がすでに固まってしまっているので、それを取ることができないわけですね。

柔軟《じゅうなん》に考えを変えていけるようになるには、もっと「異質な目」を持つ必要がありますが、そのためには、さらに勉強しなければいけません。新しい情報や、未来の予測に基づいて、考えていかなければいけないのです。

彼らの勉強のしかたには、ある意味で中途半端《はんぱ》というか、いい加減なところもあるのではないでしょうか。

第6章

女性が主役となる時代

直感で行動できることが「女性の強さ」

大川　あまり私ばかり話しすぎてはいけませんね。今日はあなたが主役なんですよ。あなたも、もう少し話をしなければ……。

釈　いやあ、もう、あの、本当に……。

司会　今日は、さまざまなやり取りのなかで、本当に、釈さんらしい「潔《いさぎよ》さ」であるとか、「男勝《まさ》りなところ」であるとか、「大局観」など出ていますが。

釈　ありがとうございます。

大川　ああ、「潔さ」という言葉が出てきましたね。あら、どうしよう?　「潔い女」

ですか。（会場笑）

司会　大川総裁は、幸福の科学グループのさまざまな活動のなかで、男女の別にかかわりなく、一人ひとりの個性を生かすような采配《さいはい》をされています。

幸福実現党においても、本当に女性が輝《かがや》かしい活躍《かつやく》をされていますが、大川総裁は、それをどのようにご覧になっているのでしょうか。

釈さんとしても、「これからの政治」と「女性とのかかわり」等について、いつも問題意識をお持ちであるようなので、ぜひお話しいただければと思います。

大川　ああ、そうなんですか？

釈　はい。幸福実現党の女性たちのなかには、二十年以上、大川総裁の教えを学んできている方も大勢いますので、そういう方々を見ていても、「非常に頭のよい方が多いなあ」と感じます。

大川　うん、うん。

釈　「これからの時代は、女性たちが、今、膠着《こうちゃく》している世の中の現状を打破すべく立ち上がっていくことで、大きな揺《ゆ》らぎを与《あた》えられるのではないか」という気がしております。

大川　そうですねえ。
でも、女性の立場から言えば、やはり、経済や、今後の社会のあり方などについて、もう少し、あなたの見解を聞かなければいけないのではないかな?

釈　(笑)そうですね。女性の場合、政治や宗教と聞くと、まず、「私はそういうものが苦手」というような反応がポンと返ってきてしまうんですが、意外に、「〝本能的な部分〟のあたりから理解を深めていけば、十分に行ける」という感じがしています。

大川　うん、うん。

釈　国防の問題にしても、例えば、北朝鮮《ちょうせん》による拉致《らち》問題を見ますと、日本人を袋詰《ふくろづ》めにしてさらっていき、家族をバラバラに引き裂《さ》いたりするようなことは、母性を持った女性的感覚からすれば、「ひどい、それはかわいそうだ」と思うはずです。このような問題を切り口にしながら興味を持っていただき、少しずつでも、政治のほうに目を向けていただきたいと思っているんです。

ただ、今、日本の立場が非常に上がってきていて、東アジアをはじめ、さまざまな国から、「日本が希望だ」と言われている時代なので、そういう意味で、やはり、日本の女性が、もっと公的な意識を持ち、「自分の家族だけではなく、世界の人たちの幸福を守るために、何ができるか」ということを考えるような時代になっていくべきだと、強く感じております。

大川　これから、「女性が主役になっていくのかどうか」を試されるとは思いますけれども、今までの社会常識が通用しない時代に入ってくるのかもしれません。ところで、「女性の強さ」とは何だろう？　まあ、意外に、直感に基づいて行動できる部分があるかもしれません。やはり、そういうところはありますね。

釈　そうですね。本質論のようなところをつかんだり……。

大川　そうそう。何か、男には、いろいろなことを考えすぎるところがあります。結果的に、それは保身につながっていくんですよねえ。

釈　はい。ですから、一種の「女性の直感」というものなのかもしれませんけれども、本質をつかむ力、それから感性の部分などは、女性の武器だと思います。ただ、人類の半分が女性である以上、それらの武器を使うだけではなく、やはり、その責任を本当に担えるように、研鑽《けんさん》を積みながら、輝いていく女性を数多く出していきたいと思っております。

そろそろ日本にも「女性総理」を

大川　ついこの前まで、女性には参政権もない時代があったわけですからね。このような流れになったのは、ほんの少し前ですよね。

釈　はい。

大川　その後、女性も選挙に出られるようになったり、選ばれるようになったりしていますが、日本には、まだ女性の総理大臣が出ていないのかな？　アメリカにも女性大統領はまだ出ていないですね。

釈　そうですね。はい。

大川　しかし、イギリスには女性の首相が出たわけですよね。

釈　はい、はい。

大川　そろそろ、日本にも、「女性の総理大臣」を必要とする時期が来ているのかもしれませんね。
意外に、釈さんだったら、パカッとやれちゃったりして……。
釈　どうなんでしょうかねえ。
大川　「北朝鮮《ちょうせん》、許すまじ！」とか何とか言いだしているので、いいかもしれない（会場笑）。
釈　最近、サッチャー元首相の映画（「マーガレット・サッチャー 鉄の女の涙《なみだ》」）もありましたけれども。
大川　ああ、ありましたねえ。彼女の認知症の描写が多かったのは、やや問題だったけれども、まあ、ただ……。

釈　幽霊《ゆうれい》映画のような……。

大川　そうそう、あれでは、まるで幽霊映画ですね。

釈　多少、ホラー映画のような感じもしました。

サッチャーさんの名言で、「言ってほしいことがあれば、男に頼みなさい。やってほしいことがあれば、女に頼みなさい」というものもあったかと思います。

大川　本当に不思議だけど、戦後のイギリスで光っている人物が女性の首相なんですね。彼女は十一年も首相をしていたんですよ。

釈　そうですね。まあ、「中身は男性の魂《たましい》だった」という話なのかもしれませんけれども（笑）。

大川　（笑）まあ、中身は男性だろうとは思いますが、そんなことは、気にしてはいけないですね。

釈　ええ。

大川　〝外見が女性〟ということだけで、重要な仕事に使えないというのは、やはり、よくないでしょうね。

釈　そうですねえ。

大川　サッチャーさんの場合、最初、「雑貨屋の娘《むすめ》だった」ということが選挙のネックになっていたんですが、結婚《けっこん》することで、まず足場を固めました。また、オックスフォードへ行って、化学か何かを専攻《せんこう》したんですよ。それは本筋ではないのですが、その結果、身分が上がったんです。

だから、そのへんは〝お導き〟かもしれません。不思議なかたちで世に出てきた感じですが、どこからそういう人が出てくるか、分からないところはありますね。

釈　現代は、ウーマンリブ的な「権利の主張」だけではなく、「女性か男性か」といった見方でもなく、やはり、本質的な意味で、「魂の力はどうなのか。実力はどうなのか」といったところで見ていただく時代ですので、ある意味、女性であることを言い訳にしたり、「女性だからこの程度なんだ」と限定したりすることなく、しっかりと責任感を持って、政治に当たっていきたいと思います。

大川　まあ、時代の流れから見れば、やはり、「女性の実力者が数多く出てこなければいけない時代に入ってきているんだろうな」とは思うのです。

女性の抑圧《よくあつ》されてきた時代が長く、今、ようやく解放されてきたところですが、これを「文明実験」として見たときには、今後、女性がすごい力を持つところまでは行くでしょう。ただ、その後、「女性はどうあるべきか」ということを、もう一段、見なければいけませんね。

当会も小さいころは、この「男女の役割」の部分については、もう少し伝統的、保守的な考えを持っていましたが、「転生《てんしょう》の過程で、男女の魂の逆転がだいぶありうる」といった魂的な面を見て、その考えをやや緩《ゆる》め、変化させたのです。

要するに、私の説いている「チャンスの平等」「機会の平等」が、〝女性だから〟という理由で最初からなくなってしまうのは、やはりよくないわけですね。

もちろん、「家族を養うために、男は偉《えら》くならなければいけない」というような事情も分かるのですが、ただ、「女性として生まれた人が仕事をする上で、『女性であること』がネックになる」というあり方は、やはり、基本的には間違《まちが》っている感じがします。

釈　そうですね。はい。

大川　必ずしも、「昔の女性のように生きなければいけない」とは限らないので、やはり、それぞれの人に適性があるのではないでしょうか。

もし、普通《ふつう》のレベルではなく、〝度を過ぎたレベル〟の才能というか、何か特殊《とくしゅ》な、それだけ傑出《けっしゅつ》した才能のある女性がいたら、やはり、それは「運命だ」と思わなければいけないと思いますね。

釈　そうですね。

宗教の前近代的な抑圧《よくあつ》から女性を解放せよ

釈　今の世界宗教を見ると、キリスト教でも、仏教でも、イスラム教でも、女性がかなり制限された立場にいることは事実かと思います。

そういう意味で、今、新しい〝大法〟が説かれ、世界宗教になろうとするときに、女性には「伝道の主役」として、大きな活躍《かつやく》の場が与《あた》えられていますので、ある意味、「日本の女性が世界の女性のモデルになる時代」が来ると思うのです。

大川　そうですねえ。それで言えば、イスラム教のほうにも、さすがに、「女性を解放しなければいけないのではないか」と思う面はあります。「後《おく》れすぎている」というか、あまりに前近代的すぎる感じはしますね。

釈　ええ、そうですね。例えば、暴行を受けたり……。

大川　この前、ＢＢＣだったかなあ。「夫が自分の妻の顔に硫酸《りゅうさん》をかけた」というニュース（二〇一二年四月二十三日付）を観《み》たんですが、何だかひどいですね。

釈　ああ……。

大川　妻の顔に硫酸をかけた男には「嫉妬《しっと》心」があったらしいのです。

イスラムの女性は顔を隠《かく》していますよね。最近では、顔を出すようにもなってきてはいますが、顔を出したときに美人だと、ほかの男に目をつけられたりするので、普段《ふだん》は顔を隠していますよね。

要するに、「妻が顔を出しても、『とても見られたものではない』というようにしておきたい」と思うほど、硫酸をかけた夫の所有欲が強かったということなのでしょう。

そういう事件がニュースになっていましたけれども、そのように、夫に硫酸をかけられて顔のただれたイスラム圏《けん》の女性が大勢出てくるのです。いやあ、これはひどいものですよ。

釈　そうですねえ。

大川　ちょっと信じられません。

釈　そういう問題については、必ず何とかしたいと思っております。そのためにも、「世界的に発言ができるような日本の女性を、これから次々と出していかなければいけない」と思います。

大川　幸福の科学は、そういう「昔の神の教え」を、変更《へんこう》あるいは修正できる数少ない宗教の一つだと思うので、私も、言うべきことは容赦《ようしゃ》なく言っていこうと思っていますよ。

釈　ありがとうございます。

幸福実現党は「神の代理人」としての自覚を

釈　このような時代はもう二度とないと思いますので、主が下生《げしょう》されている間に、限りなく活動し、法を弘《ひろ》め、また、幸福実現党も必ず第一党を取り、憲法を改正し、宗教立国を実現いたします。

大川　「一万年後」などということはないでしょうね？（会場笑）

釈　いや、もうすぐです。

大川　もうすぐ？　男たちの器《うつわ》を鍛《きた》えないといけませんよ、あなたの仕事として。

釈　いやあ、もう……。

大川　あなた、自分自身のことだけをやっていたら駄目《だめ》ですよ。

釈　はい。

大川　やはり、「男たちの器を鍛え上げる仕事」がありますよ。男の器が、ちょっと足りないですね。

釈　「男の器」ですか？

大川　うん。いや、〝男の器〟と言っても、あなたのことではありませんよ。

釈　ええ。

大川　政党関係の男性の人たちの器が、まだちょっと小さい。だから、もう少ししごき上げないと。

釈　そうですか。

大川　あなたに、〝鞭《むち》〟でも贈《おく》りましょうか？（会場笑）

釈　いやあ！（笑）

大川　パシーン！　とね（会場笑）。これでは「猛女対談」になってしまうかな？　ただ、やはり、もう少し、ズバーッと鍛えなければいけませんね。

釈　いやあ……、もう、女性だからこそ、思い切って言ってしまうのかもしれませんけれども、「必ず第一党を取って、『仏説・正心法語』（幸福の科学の根本経典）の上に手を置いて宣誓《せんせい》する大統領を、今世紀中に十人、出したい」と思っております。やはり、そこまでやらないと、何のために生まれてきたのかが分かりませんので。

とにかく、自分たちの代でできなければ、次の代、次の代と、勝つまで戦います。

まあ、男性は、いろいろとお勉強をされているので、言葉が慎重《しんちょう》になるのかもしれません。でも、はっきり言い切らないと、ご支援《しえん》くださっている方々に、ある意味、申し訳ないと思っておりますので、幸福実現党は、主の理想をそのままに戦っていきたいと思っております。

大川　いやあ、映画「ファイナル・ジャッジメント」では、渋谷《しぶや》で街宣車の上に乗って演説していると、大勢の人が話を聴《き》こうと集まってきて、泣いてくれるんだけど、実際に、幸福実現党が渋谷で街宣しているのを見ても、みんな通り過ぎていくだけで、ほとんど聴いてくれない状態ですね。これが現実だろうと思うんですが、やはり、「武器」としての言葉を、もっと磨《みが》かなければいけません。

それと、あまり引け目を持つべきではないと思いますよ。この活動は、ある種の革命であることは間違《まちが》いがありませんからね。

釈　そうですね。

大川　一生懸命《けんめい》、時間をかけて、世の中の考え方を変えようとしているんです。まあ、私としては、弟子たちにはもう少し頑張《がんば》っていただきたいんですが、あまり偉《えら》くなってくれないので、もう困っているんですよ。みなさんには、もっと偉くなっていただきたいし、有名になっていただきたいし、もっと活動していただきたいのですが、「おそらく、考え方が小さいのだろう」と思うんですね。

釈　なるほど。

大川　まだ、自分たちに対する「自己イメージ」がすごく低いので、力が弱くなっていく傾向《けいこう》があるんですよねえ。

逆に、自分たちの外部にいる人が偉く見えているようですね。政治家や官僚《かんりょう》、マスコミ、文化人など、そういう人たちがみな偉く見えているようなので、そのへんには、もう少し意識改革が要《い》ると思います。

釈　はい。そうですね。

大川　「神の代理人として活動している」と思うのであれば、もっと強くならなければいけないのではないでしょうか。

釈　そうですね。「エル・カンターレ下生の時代」ですから……。

大川　まだ、「この世の価値観」に負けている部分があるのではないかな?

釈　なるほど。はい。

大川　それは、別な意味で言えば、「信仰心《しんこう》が十分に足りていない」と言いますか、「この世で学んだことのほうが多すぎた」ということかもしれません。

そうであるならば、もう本当に、女性と若者だけでやったほうがよいのかもしれませんねえ（笑）。

釈　やはり、大宇宙の法の根源が、今、地上にいらっしゃいますので、その観点から、「今後、私たちのやるべきこと、あるべき姿」ということを、しっかりと描《えが》いて、それを実現していきたいと思います。

女性ならではのストレートさに期待する

大川　最初に、「最近の竜巻《たつまき》現象は、〝神の怒《いか》り〟の予兆でしょうね」と言いましたけれども、神がなぜ怒るのでしょうか。それはやはり、「真理が広がらない。神の声、仏の声を聴《き》こうとしない。聴いても、動こうとしない、変わろうとしない。そういう人が多すぎる」ということに対して、やはり、警告が出ていると思うんですよ。

これを反省するでもなく、現状のまま引きずろうとしている世の中に対しては、「これから何が出てくるか、分かりませんよ」と言わなくてはなりません。できたら、「滅《ほろ》びに至る門」をくぐっていただきたくないものです。それどころか、「人類を再生させるワクチン」になっていただきたいですね。

釈　はい。分かりました。

大川　私は、日本の人たちに対して、そのように申し上げたいですね。司会者から、何かもう少し訊《き》いておいてほしいことがありますか。今日、私は主役ではないんです（会場笑）。

司会　お二人のやり取りのなかで、未来を担《にな》っていく女性の可能性なども拝見できたような気がいたしますし、何よりも、大川総裁から、愛あるご指摘《してき》などを頂きまして、非常に実りのある対談だったと思います。

大川　〝美女〟について語らなかったことは、問題……。

釈　ええ。もう、結構でございます（笑）（会場笑）。

大川　（笑）

司会　凛《りん》とした美しさのなかに、〝猛女〟らしさもチラチラと……（会場笑）。

大川　うーん。いやあ、「女性のほうが腹を立てている」というのは、やはり、男よりも立派なところがあるからでしょうね。そのように正当な怒り方をしなければいけないときもあるのかもしれません。

釈　はい。分かりました。

大川　男性は、けっこう、目に見えない〝身分制社会〟のなかを生きているんですよ。彼らには、力比べをして、ランキングをして、自分たちの位置を決めていくところがあります。けれども、女性のほうには、そんなことは無視してやってしまうところがあって、それでけっこう、スパーンと一本取れてしまうときがあるんです。

まあ、そのへんは頑張《がんば》ってもらいたいところですねえ。

釈　分かりました。本当に、今日はありがとうございます。

大川　まあ、これが「宣伝の始まり」になると、よろしいのですが。

釈　本当に、〝猛女〟で結構でございますので。

大川　（笑）（会場笑）

司会　大川総裁からもご指摘がありましたように、純粋で、ひたむきに主を愛する信仰心《しんこう》というものは、やはり、女性ならではの強さを支える後ろ盾《だて》になっているものであると感じました。
今日は本当にありがとうございました。

釈　ありがとうございました。

あとがき

「腹をくって国を守れ」と言い切れる方である。

「美女対談」にしてあげられず、少し気の毒ではあるが、きっと近い将来の日本のエースになってくれることだろう。

釈さんの指導を受けた方は、皆、陽明学者のように、実践を重視していくので頼もしい。

凛々《りり》しく、潔《いさぎよ》く、美しく――。花開かれることを願っている。

二〇一二年　六月八日

国師《こくし》　大川隆法《おおかわりゅうほう》

『猛女対談　腹をくくって国を守れ』大川隆法著作関連書籍

『最大幸福社会の実現』（幸福の科学出版刊）
『新・日本国憲法 試案』（同右）
『奇跡の法』（同右）
『理想国家日本の条件』（同右）
『財務省のスピリチュアル診断』（幸福実現党刊）
『平成の鬼平へのファイナル・ジャッジメント』（同右）
『徹底霊査　橋下徹は宰相の器か』（同右）
『この国を守り抜け』（同右）
『平和への決断』（同右）

猛女対談《もうじょたいだん》　腹《はら》をくくって国《くに》を守《まも》れ

2012年7月7日　初版第1刷

著　者　　大《おお》　川《かわ》　隆《りゅう》　法《ほう》

発　行　　幸福実現党

〒107-0052 東京都港区赤坂2丁目10番8号
TEL(03)6441-0754

発　売　　幸福の科学出版株式会社

〒107-0052 東京都港区赤坂2丁目10番14号
TEL(03)5573-7700
http://www.irhpress.co.jp/

印刷・製本　株式会社 堀内印刷所

ISBN978-4-86395-210-2 C0030

幸福実現党青年局長 釈《しゃく》 量《りょう》子《こ》 公式ブログ

http://shaku-ryoko.net/

プロフィール Ryoko Shaku

1969年東京都生まれ。國學院大學文学部史学科卒、（株）ネピアを経て、（宗）幸福の科学に入局。学生局長、青年局長、常務理事などを歴任。月刊「ザ・リバティ」で「釈量子の志《し》士《し》奮迅《ふんじん》」を連載中。

座右の銘

努力即幸福
天は自ら助くる者を助く

目指す目標・ビジョン

最大幸福社会の実現

釈 量子の志士奮迅 Album ～これまでの活動から～

▶FMたちかわ「明日への羅針盤」で「釈量子の志士奮迅」コーナーを担当。パーソナリティーの小島一郎・幸福実現党幹事長代理（左）と。

▲2012年6月2日、新宿駅西口で街宣活動。

▲学生局長時代。2010年春合宿で大学生たちに熱く語る。

◀幸福の科学広報局では、社会啓蒙活動などを担当。

大川隆法ベストセラーズ　日本の平和を守るために

この国を守り抜け

中国の民主化と日本の使命

中国との紛争危機、北朝鮮の核、急激な円高……。対処法はすべてここにある。保守回帰で、外交と経済を立て直せ！
【幸福実現党刊】

1,600円

平和への決断

国防なくして繁栄なし

あなたの想像を超えて、国防の危機は迫っている。いまのままで、尖閣は守れるのか。沖縄は守れるのか。そして、日本は守れるのか。
【幸福実現党刊】

1,500円

新・日本国憲法試案

幸福実現党宣言④

大統領制の導入、防衛軍の創設、公務員への能力制導入など、日本の未来を切り開く「新しい憲法」を提示する。

1,200円

※表示価格は本体価格（税別）です。

大川隆法 ベストセラーズ　日本の政治を建て直す

天照大神のお怒りについて

緊急神示　信仰なき日本人への警告

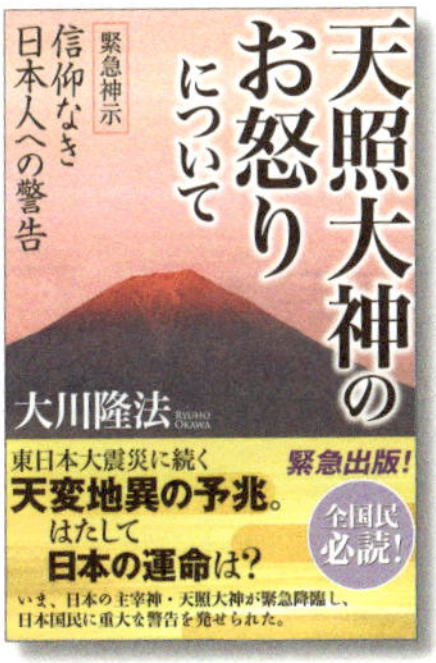

無神論で日本を汚すことは許さない！ 日本の主宰神・天照大神が2012年2月2日に緊急降臨。国民に向けて発せられた警告とは──。

1,300円

最大幸福社会の実現

天照大神の緊急神示

三千年の長きにわたり、神国日本を守り続けてきた天照大神が、国家存亡の危機を招く民主党政権を厳しく批判する。

1,000円

日本武尊の国防原論

緊迫するアジア有事に備えよ

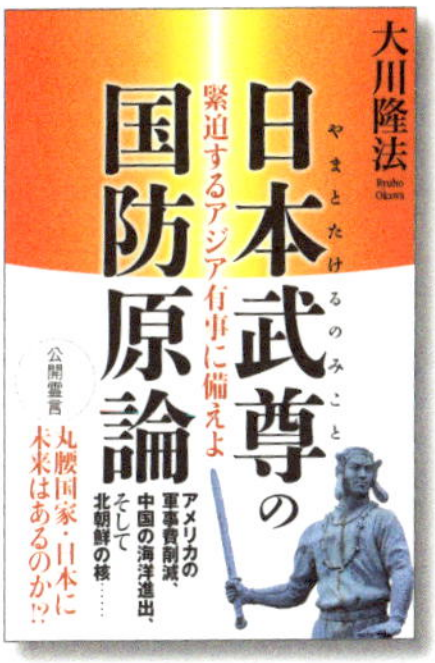

アメリカの衰退、日本を狙う中国、北朝鮮の核──。緊迫するアジア情勢に対し、日本武尊が、日本を守り抜く「必勝戦略」を語る。
【幸福実現党刊】

1,400円

大川隆法ベストセラーズ　希望の未来を切り拓く

不滅の法

宇宙時代への目覚め

次々と起こる天変地異や紛争、地球規模での不況など混迷を極める現代。人類が困難を乗り越え、新時代を切り拓くための鍵がここに。

2,000円

繁栄思考

無限の富を引き寄せる法則

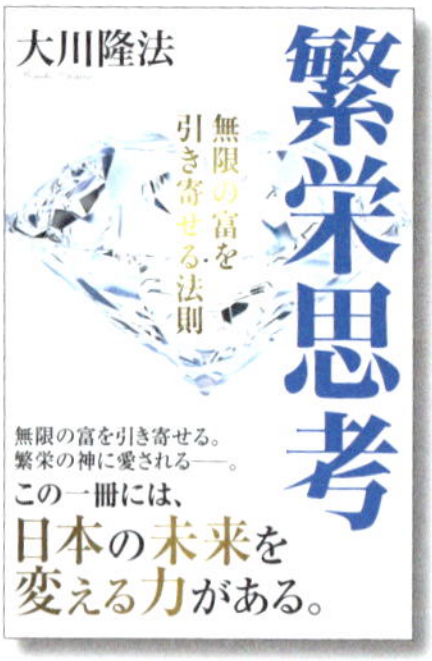

豊かになるためには、「人類共通の法則」があった！　その法則を知ったとき、あなたの人生にも繁栄の奇跡が起きる。

2,000円

愛、無限

偉大なる信仰の力

劣等感、嫉妬心、恐怖、病……。あなたを苦しめているすべてのものが消え去ってゆく。いま、「無限の愛」があなたに臨む。

1,600円

※表示価格は本体価格（税別）です。

大川隆法 ベストセラーズ 日本の政治・経済を救う方法

徹底霊査
橋下徹は宰相の器か

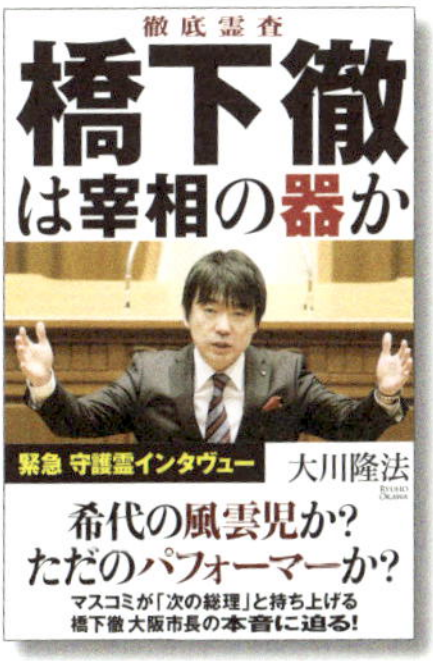

舌鋒するどい政界の若きヒーローに、この国をまかせてもよいのか!? マスコミが「次の総理」と持ち上げる橋下徹大阪市長の本音に迫る!

【幸福実現党刊】

1,400円

平成の鬼平へのファイナル・ジャッジメント
日銀・三重野元総裁のその後を追う

20年不況の源流であり、日本の好景気を潰した三重野元総裁は死後どうなっているのか!? その金融・経済政策が、いまジャッジされる!

【幸福実現党刊】

1,400円

財務省のスピリチュアル診断
増税論は正義かそれとも悪徳か

財務省のトップへ守護霊インタヴューを敢行! 増税論の真の狙いとは? 安住大臣と、勝事務次官の本心に迫る!

【幸福実現党刊】

1,400円